KB195639

Simpleer

더 쉽게, 더 깊게

심플리어 시리즈는 콘셉트만으로 단순명료한 비전과 프레임을 제시합니다.
자기계발, 비즈니스, 학습법 등 실질적이고 직관적인 해결책을 제공하여 본
질에 집중할 수 있도록 돕는 실용적인 책들입니다.

삶의
무기가   회계
되는   입문

Original Japanese title: KYOYO TO SHITENO "KAIKEI" NYUMON
Copyright ©Tomoaki Kaneko 2023
Original Japanese edition published by Nippon Jitsugyo Publishing Co., Ltd.
Korean translation rights arranged with Nippon Jitsugyo Publishing Co., Ltd.
through The English Agency (Japan) Ltd. and Danny Hong Agency

이 책의 한국어판 저작권은 대니홍 에이전시를 통한 저작권사와의 독점 계약으로 ㈜북이십일에 있습니다.
저작권법에 의해 한국 내에서 보호를 받는 저작물이므로 무단전재와 복제를 금합니다.

삶의 무기가 되는 회계 입문

숫자로 꿰뚫어 보는 일의 본질

가네코 도모아키 지음
김지낭 옮김

ACCOUNTING
ACCOUNTING
ACCOUNTING

21세기북스

일러두기

※ 이 책은 2023년 1월의 회계기준과 세법을 바탕으로 썼습니다.

※ 이 책에 기재된 기업명, 상품명, 서비스명 등은 상표등록이 완료된 것입니다.

※ 본문 하단 각주는 역자 주입니다.

교양으로서 알아야 할 회계란?

어느 시점부터 상장기업이라면 ROE 8% 이상을 달성해야 한다는 말을 흔히 듣게 되었고, 기업의 최고경영자들 또한 ROE의 중요성을 강조하기 시작했습니다.

여러분은 이렇게 자주 언급되는 ROE가 정확히 무슨 뜻인지, ROE의 개선 방안은 무엇인지 알고 계시나요? 꼭 이런 전문용어가 아니더라도 '매출 증가' '비용 절감' '이익 추구' 등은 일상적으로 자주 듣는 말입니다. ROE뿐만 아니라 우리가 흔히 사용하는 '매출액' '비용' '이익'과 같은 단어도 모두 회계 용어입니다.

회계는 비즈니스의 언어입니다. 천문학자 갈릴레오 갈릴레이가 "우주는 수학이라는 언어로 쓰여 있다"라고 말했듯이, 비즈니스 또한 회계라는 언어로 이야기합니다. 회계를 모르고서는 비즈니스를 제대로 이해할 수 없습니다.

저는 비즈니스 스쿨에서 교편을 잡고 있는데, 그곳에서 회계는 종종 기피 대상이 됩니다. 회계는 숫자와 제도를 다루는 과목이라 어렵고 지루하다는 인식 때문이지요. 반면에 경영전략이나 마케팅은 이해하기 쉽고 내용도 재미있어서 인기가 많은 과목입니다. 하지만 경영전략도 마케팅도 회계 수치를 고려하지 않으면 그저 흥미로운 이야깃거리가 될 뿐입니다.

이는 업무 개선에서도 마찬가지입니다. 우리는 불필요한 일을 줄이고, 같은 작업을 더 빠르게 처리했을 때 업무가 개선되었다고 생각합니다. 꽤 좋은 성과를 낸 듯한 기분이 들기도 하지요. 하지만 매출 증가와 비용 절감의 측면에서 살펴보면 아무것도 개선되지 않은 경우도 더러 있습니다. 저는 이것을 '자기만족형 업무 개선'이라고 부르는데, 이런 사례는 주변에서 흔히 찾아볼 수 있습니다. 이는 업무를 회계 수치와 연결해서 생각하지 않았기 때문에 발생하는 문제입니다. 따라서 일하는 사람이라면 누구나 교양으로서 회계를 알아둘 필요가 있습니다.

저도 처음부터 회계 일을 했던 것은 아닙니다. 전형적인 이공계 출신으로 일반기업의 정보시스템 부서에서 사회생활을 시작했으니까요. 당시 저는 직장에서 다양한 이야기를 들었습니다. 상사는 시스템의 감가상각이 끝나지 않았으니 교체할 수 없다고 했고, 노조는 사내유보가 이만큼 쌓였으니 월급 인상이 당연하다고 주장했습니다.

그때 저는 회계에 관한 지식이 전혀 없었습니다. 회사에서 오가는 이야기의 진위를 판단할 수도 없는 데다 그 모호한 상황이 답답하기만 했지요. '감가상각'이나 '사내유보' 같은 전문용어를 척척 쓰는 선배들이 멋있어 보이는 한편 의문이 들었고, 그들의 말에 휘둘리는 듯한 기분이 들었습니다.

그 후 우연히 사내연수에서 회계와 재무제표를 접할 기회가 있었고, 재무제표가 만들어지는 과정을 알게 되면서 회계에 관심이 생겼습니다. 이왕 배운 김에 제대로 공부해보자고 결심한 저는 일하면서 공인회계사 시험에 도전해 지금에 이르게 되었지요. 직장에서 겪은 혼란스러웠던 경험은 제가 본격적으로 회계를 공부하게 된 계기였습니다. 다른 사람의 말에 휘둘리지 않고 스스로 판단할 수 있는 능력을 기르고 싶었기 때문입니다.

회계를 알면 다양한 이점이 있습니다. 우선, 업무에 직접적인 도움이 됩니다. 상사나 경영자가 나누는 어려운 이야기도 이해할 수 있고, 그 말이 진실인지 아닌지 판단할 수 있게 됩니다. 전문용어를 몰라서 우왕좌왕할 필요도 없지요. 무엇보다 업무에서 올바른 판단을 내릴 수 있다는 것이 가장 큰 장점입니다. 업무와 직접적인 관련이 없더라도 회계를 배우면 경제 뉴스를 더 깊이 이해할 수 있게 됩니다. 이것은 저도 회계를 공부하면서 체감한 사실입니다. 경제 뉴스 역시 회계라는 언어로 쓰인 것이니 당연한 일일 테지요.

하지만 신문이나 뉴스 등의 매체에서 다루는 내용이 꼭 정확한 것은 아닙니다. 재무 관련 지표는 기사마다 제각각이고, 이에 대한 설명도 거의 없는 데다 용어 사용이 잘못된 경우도 많습니다.

이런 상황이 발생하는 이유는 기자가 회계에 대한 기본 지식 없이 기사를 썼기 때문입니다. 저는 글을 쓰거나 인터뷰할 때마다 기자나 편집자에게 회계 지식이 매우 부족하다는 것을 느낍니다. 그러다 보니 기자가 작성한 원고를 여러 번 수정해야 하고, 원래 내용이 거의 사라질 정도로 고치는 일도 허다합니다. 영어가 서투른 사람이 미국인을 인터뷰하고 제대로 기사를 쓸 수 없는 것처럼 말이지요.

이 책은 회계 전문가가 아닌 분들을 위한 책입니다. 그렇다면 교양으로서 회계란 무엇일까요? 교양으로서 회계 공부란 회계 지식을 낱낱이 습득하는 것이 아니라, 회계의 큰 틀을 이해하고 기본 개념을 익히는 것입니다.

회계를 공부할 때 가장 피해야 할 방법은 시작부터 세부적인 개념을 파고드는 것입니다. 회계라는 학문은 범위가 매우 넓고 그 속에 세세한 규칙도 많습니다. 처음부터 세부 사항에 집중하면 금세 방향성을 잃게 되고 흥미도 떨어집니다. 이는 마치 숲도 나무도 보

8

지 않고 나뭇가지에만 시선을 두는 것과 같습니다.

먼저 숲을 본 다음에 나무를 보아야 합니다. 큰 그림을 이해하면 나무와 가지도 자연스럽게 보이기 마련이지요. 나무와 가지를 하나하나 보는 것이 아니라, 숲의 전체상을 보고 나무와 가지의 상태를 예측하는 힘이야말로 오늘날 사회인에게 필요한 교양입니다.

교양으로서 회계를 공부할 때 또 한 가지 중요한 점은 용어의 정확한 뜻을 이해하는 것입니다. 용어에는 개념이 담겨 있습니다. 교양 있는 사람들은 용어를 정확하고 올바르게 사용합니다. 하지만 회계 용어는 올바르지 않게 쓰일 때가 많습니다. 우리가 흔히 듣는 말인 '수익'도 정확히 설명하기란 쉽지 않을 것입니다. 이 책이 용어의 뜻을 이해하고 바르게 사용하는 데 도움이 되었으면 좋겠습니다.

잘못된 언어 사용에 대한 책임은 일부분 언론매체에 있습니다. 언론이 올바르지 않은 용어를 빈번하게 사용하고 있기 때문입니다. 회계라는 언어를 비즈니스 현장에서 바르게 사용하지 않으면 오해와 혼란을 불러오게 됩니다. 정확한 용어 사용이 필요한 경제 신문 기자나 아나운서에게도 이 책을 꼭 권하고 싶습니다.

2023년 3월
가네코 도모아키

CHAPTER 3

회계의 기본 원칙

CHAPTER 4

재무회계의 개별 논점

CHAPTER 5

경영분석을 위한 재무지표

CHAPTER 6

비슷한 듯 다른 세무와 회계

ACCOUNTING

회계가
존재하는
이유

알고 싶은 것은
'이익의 발생 여부'

회계의 목적은 단순하고 명확하다

회계는 어렵고 복잡하게 느껴지지만, 그것이 하고자 하는 일은 매우 단순하고 명확합니다. 바로 기업이 돈을 얼마나 벌었는지를 파악하는 것이지요.

돈을 벌었다는 것은 어떤 상황을 말할까요? 이렇게 물으면 대부분 이익을 얻었는지 아닌지를 떠올릴 것입니다. 그렇다면 '이익'이란 정확히 무슨 뜻일까요?

개인이 돈을 벌었다는 표현은 자주 쓰지만, 개인이 이익을 냈다고 하면 왠지 어색합니다. 이는 개인에게는 무엇이 이익에 해당하는지 명확하지 않기 때문입니다. 그럼 개인이 어떤 때 돈을 벌었다

회계가 존재하는 이유

고 생각하는지 떠올려봅시다. 사람들은 복권을 사는 데 쓴 돈보다 더 많은 당첨금을 받으면 횡재했다고들 합니다. 경마처럼 돈이 걸린 경기도 마찬가지입니다. 구매한 마권의 금액보다 높은 배당금을 받았을 때 이득을 봤다고 생각하지요.

이러한 사례가 바로 '이익의 발생'입니다. 수중에 가지고 있던 돈이 불어났을 때 사람들은 돈을 벌었다고 생각합니다. 다르게 표현하면 **이익의 발생이란 소유하고 있는 재산이 늘어난 상태**를 말하는 것이지요.

회계가 하고자 하는 일도 결국 이와 같습니다. 기업이 경영활동을 통해 이익을 냈는지, 즉 기업의 재산이 늘어났는지를 파악하고자 하는 것입니다. 복잡해 보이는 회계도 그 본질은 매우 단순합니다.

기업은
타인의 돈으로 운영된다

기업의 목적과 주식회사란?

회계를 공부하기 전에 꼭 알아두어야 할 중요한 전제가 있습니다. 일반적으로 **기업은 타인의 돈으로 사업을 운영한다는 사실**입니다.

흔히 말하듯 **기업의 목적은 이윤추구**, 다시 말해 돈을 버는 것입니다. 돈을 벌고자 할 때 가장 쉽게 선택할 수 있는 방식은 스스로 자본을 마련하고, 혼자 경영에 관한 모든 책임을 지며, 발생한 이익을 모두 자기가 갖는 것입니다. 자본을 제공하는 사람과 그 자본을 관리하는 사람(=경영자)이 같은 형태의 회사를 '합명회사' 또는 '합자회사'라고 합니다. 합명회사와 합자회사는 돈을 벌기 위한 수단으로서 가장 단순한 발상에서 출발한 기업의 형태입니다. 하지만

회계가 존재하는 이유

이러한 형태의 기업은 요즘 찾아보기 어렵습니다. 창업자(=돈을 벌고 싶은 사람)나 그와 관계된 몇몇 사람이 출자할 수 있는 자금은 한계가 있어서 큰 규모의 사업을 운영하기 어렵기 때문입니다.

이러한 한계를 극복하기 위해 고안된 것이 바로 **주식회사**입니다. **주식회사는 소유와 경영을 분리합니다.** 즉, 자본을 제공하는 사람(=소유자)과 그 돈을 운용하는 사람(=경영자)을 분리하는 것이지요. 이렇게 하면 불특정 다수의 사람에게서 자금을 모을 수 있습니다. 한 사람이 10원씩만 출자해도 1억 명이 모이면 10억 원의 자금을 조달할 수 있으니 티끌 모아 태산인 셈입니다.

그래도 자금이 부족하다면 이번에는 은행이 등장할 차례입니다. 이처럼 현대의 주식회사는 경영에 직접 관여하지 않는 다수의 주주와 은행을 통해 모은 자금으로 운영됩니다. 이 사실은 회계의 목적과도 깊은 관련이 있습니다. 앞서 회계의 목적이 이익의 발생 여부를 확인하는 것이라고 했는데, 이때 '이익'이란 누구의 관점에서 말하는 것일까요?

회사에 속해 일하는 사람은 대부분 자신이나 회사의 입장에 서서 생각하곤 합니다. 하지만 **주식회사의 소유자는 주주**입니다. 따라서 '이익의 발생'이란 기본적으로 주주의 관점에서 본 개념이라는 사실을 기억해야 합니다.

두 가지 회계
― 귀족을 위한 회계와
선원을 위한 회계

재무회계와 관리회계

회계는 크게 **재무회계**와 **관리회계**로 나눌 수 있습니다. 이 둘의 차이를 이해하는 것은 매우 중요합니다.

재무회계는 제도에 따라 재무제표를 작성하기 위한 회계를 말합니다. 회계라 하면 가장 먼저 재무제표를 떠올리듯이 재무회계는 '전형적인 회계'라고 할 수 있습니다. 즉, 우리가 흔히 떠올리는 회계의 대표적인 형태가 바로 재무회계인 것입니다.

반면 관리회계는 영어로 'Managerial Accounting' 혹은 'Management Accounting'이라고 합니다. 관리회계라 부르게 된 까닭은 management를 '관리'로 번역했기 때문이고, 실제 의미는 **'매니지**

회계가 존재하는 이유

먼트(=경영)를 위한 회계'입니다.

이렇게 재무회계와 관리회계의 차이를 간단히 정리해보았는데 이해를 돕기 위해 조금 더 자세히 알아보도록 하겠습니다.

세계 최초의 주식회사는 1600년 영국이 동방 무역을 위해 설립한 동인도회사입니다. 당시 유럽에서 동남아시아로 향하는 긴 항해는 매우 위험했고, 무사히 돌아올 확률도 높지 않았습니다. 게다가 항해에는 막대한 자금이 필요했는데, 그런 위험한 사업에 홀로 거액을 투자할 사람은 없었지요.

그래서 동인도회사는 기존에 당연시되던 소유와 경영을 분리하고, 출자금을 소액 단위로 쪼개어 직접 경영하지 않는 사람도 적은 금액을 투자할 수 있도록 하는 방식을 도입했습니다. 이렇게 하면 항해가 실패하더라도 개인이 입는 손실은 최소화되므로 부담 없이 투자를 결정할 수 있습니다. 개개인의 출자금은 적어도 많은 사람에게서 자금을 모으면 큰 금액을 조달하는 것이 가능합니다. 이러한 방식으로 동인도회사는 동방 무역이라는 고위험 사업에 필요한 자금을 마련할 수 있었습니다. 이것이 바로 현대 주식회사의 원형입니다.

물론 위험은 분산되었지만, 투자자는 주로 귀족처럼 일정한 지위를 가진 사람들이었습니다. 이들은 선원들이 무역을 성공적으로 마치고 자신이 투자한 금액 이상의 이익을 가져오기를 기대했습니다.

하지만 항구를 떠나면 선원들은 투자자인 귀족의 눈에 보이지 않는 곳으로 가게 됩니다. 긴 항해 동안 선원들이 중간중간 들르는 항구에서 술을 마시거나 도박에 빠져 있을지도 모르는 일입니다. 이러한 상황을 방지하기 위해 귀족들은 선원들에게 항해 도중 발생한 자금의 출납을 기록하게 하고, 항해가 끝나고 돌아오면 그 내용을 보고하도록 요구했습니다. 이것이 바로 재무회계의 시작입니다.

오늘날에도 기본적으로 같은 개념이 유지되고 있습니다. 이를 현대의 기업에 대입하면 귀족은 주주, 선장은 경영자, 선원은 사원, 배는 회사가 되고, 항해 기간은 회계기간에 해당합니다. 영국의 동인도회사는 항해를 마칠 때마다 정산했기 때문에 항해 기간이 곧 회계기간이었습니다. 이후 1602년 네덜란드가 영국에 대항하기 위해 설립한 동인도회사는 항해마다 정산하지 않고, 기업의 경영활동은 영원히 계속된다는 가정하에 운영했습니다. 이것이 '**계속기업**(going concern)' 개념의 시초입니다. 이를 통해 일정한 기간을 인위적으로 구분하는 회계연도가 도입된 것입니다.

항해를 마치고 돌아와 귀족에게 보고하는 일은 오늘날의 **정기주주총회**와 같습니다. 정기주주총회에서는 주로 결산보고와 함께 **잉여금의 분배**에 관한 주주의 승인을 받습니다. 잉여금의 분배, 즉 **배당**은 항해에서 벌어들인 이익을 귀족들이 나누어 갖는 것입니다. 이때 사용되는 회계가 바로 재무회계입니다. 재무회계는 바로 항구에서 기다리고 있는 귀족들을 위한 회계인 것이지요.

반면, 선원들의 입장은 귀족들과 완전히 다릅니다. 선원들은 유럽에서 동남아시아에 이르는 긴 여정 동안 넓은 바다에서 끊임없이 싸워야 합니다. 예컨대 폭풍이 오면 경로를 바꿀지 항해를 멈출지 결정해야 하며, 정체불명의 배가 다가오면 전투를 벌일지 도망칠지 협력할지를 선택해야 하지요.

폭풍이 온다는 것은 거시적인 외부 환경의 변화를 뜻하고, 정체불명의 배가 접근하는 것은 예상치 못한 경쟁사의 출현과 같습니다. 이러한 변화 속에서 선원들은 끊임없이 판단을 내려야 합니다. 따라서 선원들이 필요로 하는 정보와 항구에서 결과 보고만 기다리는 귀족들이 필요로 하는 정보는 다를 수밖에 없습니다. 선원들에게는 그들만의 정보가 필요합니다. 이것이 관리회계입니다. 다시 말해 관리회계는 선원들을 위한 항해용 지도나 나침반이라고 할 수 있습니다. 그래서 **재무회계를 '외부 보고 목적의 회계', 관리회계를 '내부 경영관리를 위한 회계'**라고도 부릅니다.

회계기준의 종류와
일본의 현황

이제 재무회계 이야기로 다시 돌아가봅시다.

재무회계는 주주와 해당 기업에 투자를 고려 중인 잠재적인 주주, 즉 **투자자**에게 유용한 정보를 제공하는 역할을 합니다. 주주나 투자자는 기업이 공시하는 재무회계 정보를 바탕으로 주식거래에 관한 의사결정을 내리기 때문에 서로 다른 여러 기업을 같은 기준에서 비교할 수 없으면 곤란해집니다. 따라서 재무회계에는 모든 사람이 통일된 규칙을 따르는 일관성이 필요합니다.

'매출액'이나 '영업이익'이라는 같은 용어를 사용하더라도 기업마다 숫자의 의미가 다르다면 어느 기업의 실적이 좋은지 알 수 없고, 어떤 기업의 주식을 사야 할지 판단하기 어렵겠지요. 그래서 재무회계에 회계기준이라는 규칙이 존재하는 것입니다. 모두가 같은

회계가 존재하는 이유

규칙에 따라 회계정보를 작성하는 것이 매우 중요하기 때문입니다.

과거에는 국가마다 자국의 회계기준이 따로 있었습니다. 서로 다른 역사적, 문화적 배경과 사고방식에 따라 각 나라의 법률이 발전했듯이 회계 제도가 국가별로 다른 것도 자연스러운 일이었지요.

그러나 경제활동이 국경을 넘어 국제화되면서 나라별로 다른 회계 제도가 문제가 되기 시작했습니다. 기업보다 더 입장이 곤란한 것은 투자자입니다. 외국인 투자에 대한 규제가 없는 한, 투자자들은 국적에 상관없이 어느 나라 기업의 주식이든 매입할 수 있습니다. 하지만 국가마다 회계 제도가 다르다면 기업 간의 차이를 비교하기 어렵겠지요.

회계기준 통일을 위한 세계적인 움직임

1998년, 미국의 크라이슬러와 독일의 다임러 벤츠가 합병했습니다. '세기의 결합'으로 불리던 이 합병은 9년 만에 결별로 끝났지만, 그 과정에서 회계기준과 관련된 상징적인 사건이 일어났습니다. 다임러 벤츠는 독일 회계기준에 따르면 흑자를 기록하고 있었으나, 합병 후 미국 회계기준으로 재무제표를 작성하자 큰 적자로 나타난 것입니다. 회계기준의 차이로 재무 정보가 이처럼 크게 달라질 수 있음을 보여준 사례였습니다.

이러한 문제를 해결하고자 전 세계적으로 회계기준을 통일하려는 움직임이 가속화되었습니다. 그 결과 탄생한 것이 바로 **IFRS**(International Financial Reporting Standards)입니다. 일본에서의 공식 명칭은 국제재무보고기준이지만, 일반적으로는 **국제회계기준**이라는 명칭이 널리 사용되고 있습니다.

2005년 유럽연합 국가에서의 의무 적용을 시작으로 IFRS는 전 세계에 빠르게 침투했습니다. 유럽연합뿐만 아니라 캐나다, 오세아니아, 인도, 한국, ASEAN 회원국, 아프리카를 비롯한 대부분의 나라가 IFRS를 도입했지요. 반면에 주요 국가 중에서도 미국과 일본은 아직 IFRS를 공식적으로 채택하지 않았습니다. 일본은 일본판 GAAP(Generally Accepted Accounting Principles, 일반적으로 인정된 회계원칙), J-GAAP라 불리는 자국의 회계기준을, 미국은 US-GAAP라는 기준을 사용합니다.

미국은 공식적으로 IFRS를 채택하지 않았지만, 사실 더 큰 목표를 가지고 있습니다. 미국은 자국의 회계기준과 IFRS의 통합을 목표로 이를 위한 구체적인 작업도 꾸준히 진행하고 있습니다.

일본도 한때 상장기업에 대한 IFRS 의무 적용을 시행하려고 한 적이 있었습니다. 그 계획이 순조롭게 진행되었다면 일본은 2015년 IFRS 도입국이 되었을 것입니다. 2015년을 목표로 한 이유는 미국

　　　　　　　　　회계가 존재하는 이유

이 2014년까지 모든 상장기업에 IFRS를 의무 적용하겠다고 발표했기 때문입니다. 하지만 얼마 지나지 않아 미국은 이 방침을 철회했습니다. 미국의 결정에 따라 일본 당국도 곧바로 IFRS 의무 적용계획을 보류하게 된 것입니다. 일본은 미국의 눈치만 살피다 주체적인 결정을 내리지 못한 셈이지요.

일본 국내에서 인정되는 회계기준

일본에서는 2010년부터 IFRS의 선택 적용이 허용되었습니다.[1] 즉, 원하는 기업은 IFRS를 사용해도 된다는 뜻입니다.

또 일본 금융청은 IFRS와 자국의 회계기준을 혼합한 **수정국제기준**(Japan's Modified International Standards, **JMIS**)을 만들었습니다. 임의로 수정한 기준에 '국제기준'이라는 이름을 붙인 것도 놀랍지만, 당연하게도 이 기준은 국제적으로 공인된 것이 아닙니다.

결국 일본은 2022년 10월을 기준으로 연결재무제표 작성 시 일

---

[1] 우리나라에서 사용하는 회계기준은 크게 한국채택국제회계기준(K-IFRS), 일반기업회계기준(K-GAAP), 중소기업회계기준 등으로 나뉜다. 국내 상장기업은 2011년부터 K-IFRS를 의무적으로 적용하도록 규정되었으며 비상장기업은 선택적으로 적용한다.

본 회계기준, 미국 회계기준, IFRS, 수정국제기준 중 하나를 선택할 수 있는 특이한 나라가 되었습니다. 재무회계는 일관성이 매우 중요한데, 전 세계가 회계기준의 통일을 향해 나아가는 상황에서 일본은 여러 기준을 동시에 인정하고 있는 것입니다. 이는 실무적으로 매우 불편할 뿐만 아니라, 기업 간 비교를 위한 재무분석조차 어렵게 만듭니다.

참고로 일본 국내에서는 대기업을 중심으로 IFRS의 자율 적용이 진행되고 있지만, 실제로 IFRS를 채택한 기업은 전체 상장기업의 10%에도 미치지 않습니다. 그러나 자발적으로 적용한 기업의 시가총액 비율은 50%에 달합니다. 이는 대기업 중 상당수가 IFRS를 채택하고 있다는 의미입니다.

덧붙이자면 수정국제기준을 채택한 기업은 아직 한 곳도 없습니다. 일본 회계기준도 아니고 국제회계기준으로도 인정받지 못한 기준을 사용할 이유가 없기 때문이겠지요. 아마도 이 기준은 쓰이지 않고 사라질 가능성이 크다고 봅니다.

참고로 관리회계에는 통일된 규칙이 없습니다. 지켜야 할 것도 많고 복잡한 회계에 규칙이 없다니 의외라고 생각하셨나요? 하지만 생각해보면 이는 당연한 일입니다. 관리회계는 경영을 위한 회계이기 때문이지요. 경영을 위한 회계라면 기업이 경쟁력을 갖추는 데 도움이 되어야 합니다. 경쟁력의 원천은 남들과 다른 일을 하는 데에 있습니다. 이는 일관성과는 정반대에 있는 개념입니다.

따라서 관리회계는 기업의 수만큼 존재해도 상관없고, 오히려 기

업마다 다른 방식을 사용하는 편이 바람직합니다.

숫자를 세 자리마다 구분하는 이유

숫자를 적을 때 세 자리마다 쉼표(,)로 구분하는 것은 회계 업계의 상식입니다. 그러나 이 규칙이 꼭 모든 사람에게 통하는 상식은 아닌 듯합니다. 실제로 비즈니스 스쿨이나 기업 연수에서 강연하다 보면 종종 쉼표를 쓰지 않는 분들이 눈에 띕니다. 저는 그때마다 숫자를 쉼표로 구분해야 한다고 설명하는데, 어느 날 그 방식에 어떤 이점이 있느냐는 질문을 받았습니다. 이것은 아주 좋은 질문입니다. 숫자를 세 자리씩 구분한다고 해서 한자를 사용하는 동양권 국가에 특별한 이점이 없으니까요.

반면에 서양의 영어권 국가는 숫자를 세 자리마다 끊어 읽습니다. 영어권에서는 세 자리마다 단위가 변하기 때문입니다. 예컨대 컴퓨터의 용량 단위인 바이트는 킬로바이트(KB), 메가바이트(MB), 기가바이트(GB), 테라바이트(TB)와 같이 세 자리마다 단위가 올라갑니다. 길이도 마찬가지로 나노미터(nm), 마이크로미터(㎛), 밀리미터(mm), 미터(m), 킬로미터(km)의 순서로 세 자리마다 단위가 변화합니다.

숫자 역시 Thousand(천), Million(백만), Billion(십억), Trillion(조)과 같이 세 자리마다 자릿수가 바뀝니다(그림 1-1(a)). 자릿수가 바뀌는 위치를 쉼표가 알려주기 때문에 세 자리마다 구분하면 숫자를 훨씬 쉽게 읽을 수 있습니다.

한편 동양에서는 네 자리마다 만, 억, 조의 순서로 자릿수가 바뀝니다.

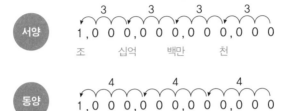

그림 1-1 (a) 서양은 세 자리마다, 동양은 네 자리마다 자릿수가 바뀐다

(b) 쉼표 왼쪽 자릿수의 변화

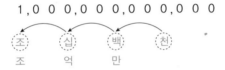

따라서 세 자리마다 쉼표로 구분한다고 해서 특별한 이점은 없고, 오히려 더 읽기 불편하게 느껴질 수도 있습니다.

하지만 아무런 구분 없이 자릿수가 큰 금액을 읽기란 어렵기 때문에 세 자리마다 쉼표로 끊는 것이 어느 정도 도움이 됩니다. 이를 더 쉽게 활용하는 방법은 각 쉼표 왼쪽의 자릿수가 무엇인지 기억해두는 것입니다. 쉼표 왼쪽의 자릿수는 작은 수부터 천, 백만, 십억, 조입니다.

연습 삼아 100,000,000이라는 숫자를 읽어봅시다. 두 번째 쉼표 왼쪽의 단위는 백만입니다. 백만을 기준으로 두 자리가 더 크니까 쉽게 '1억'이라고 읽을 수 있습니다. 적어도 오른쪽에서부터 "일, 십, 백, 천,

만…"하고 세지 않아도 되지요.

각 쉼표 왼쪽의 자릿수를 그냥 외워도 좋지만, 논리적인 설명을 조금 더 덧붙이겠습니다. 우리가 숫자를 읽을 때 자릿수는 네 자리마다 바뀝니다. 반면에 쉼표는 세 자리마다 찍기 때문에 한 자리의 차이가 발생합니다. 그 결과 그림 1-1(b)에서 보듯이 쉼표 왼쪽의 숫자는 천 → 만 → 억 → 조의 순서로 자릿수가 올라가지만, 그 앞에 붙는 숫자는 천 → 백 → 십 → 일로 한 자리씩 낮아지게 됩니다. 이런 식으로 생각하면 더 쉽게 기억할 수 있지 않을까요?

참고로 '조'는 쉼표가 끊어지는 곳과 자릿수가 바뀌는 지점이 일치합니다. 이는 쉼표 아래의 자릿수 12가 3과 4의 공배수이기 때문입니다(이 설명은 수학을 좋아하지 않는 사람에게는 그다지 호응이 좋지 않지만요).

회계가 존재하는 이유

✔ 회계의 목적은 기업이 돈을 벌었는가, 즉 **기업의 재산 증감 여부**를 밝히는 것이다.

✔ **주식회사**는 경영에 직접 관여하지 않는 **주주와 은행을 통해 모은 자금으로 운영한다.**

✔ **재무회계**는 제도에 따라 **재무제표를 작성하기 위한 회계**(=외부 보고 목적의 회계)이며, **관리회계는 경영을 위한 회계**(=내부 경영관리를 위한 회계)이다.

✔ 재무회계는 세무서나 주주를 비롯한 외부의 제삼자에게 보고하는 것이 목적이므로 제삼자가 여러 기업을 비교 분석할 수 있도록 **일관성**이 중시된다. 따라서 회계 제도(회계기준)라는 규칙이 존재한다.

✔ 회계기준을 세계적으로 통일하기 위해 등장한 것이 **IFRS**(국제회계기준)이다.

✔ **미국과 일본은 공식적으로 IFRS를 채택하지 않은 주요국으로**, 이 중 미국은 **미국 회계기준과 IFRS의 통합**을 목표로 한 계획을 점진적으로 시행하고 있다.

✔ 일본 국내에서는 **IFRS의 자율 적용**을 허용하고 있으며, 상당수의 대기업

이 IFRS를 채택하고 있다. 다만 그 숫자는 전체 상장기업의 10%에도 미치지 못한다.

✓ 관리회계는 경영을 위한 회계이기 때문에 재무회계와 달리 강제력을 가진 규칙이 존재하지 않는다.

회계가 존재하는 이유

CHAPTER 2

재무제표의
기본 구조

ACCOUNTING

재무상태표와
손익계산서

재무제표란?

회계, 특히 재무회계에서 중요한 것은 **결산서**입니다. '결산서'는 상장기업에서 흔히 **재무제표**라고 불리지요. 재무제표란 **금융상품거래법**[1]에 등장하는 용어로, 여기서 말하는 '금융상품'이란 크게 주식을 뜻합니다. 따라서 금융상품거래법은 주식거래가 원활하게 이루어지도록 제정된 법률이라고 할 수 있습니다. 주식의 원활한 거래는 상장기업의 경영활동에 꼭 필요합니다. 그러므로 **금융상품거래법의 영향을 받는 기업은 기본적으로 상장기업**이고, 그래서 재

---

1 우리나라의 '자본시장과 금융투자업에 관한 법률(자본시장법)'에 해당한다.

재무제표의 기본 구조

무제표라는 용어가 상장기업에서 자주 사용되는 것입니다.

재무제표(財務諸表)를 문자 그대로 해석하면 '재무(財務)에 관한 여러 가지(諸) 표(表)'라는 뜻입니다. 이름에서 알 수 있듯이 재무제표는 여러 개의 표로 구성되어 있습니다. 그중에서도 가장 중심이 되는 것은 **재무상태표**와 **손익계산서**이고, **현금흐름표** 역시 중요한 요소 중 하나입니다. 이 세 가지 표를 통틀어서 재무 3표라고 부르기도 합니다.

재무제표에는 **계산서류**라는 또 하나의 이름이 있습니다. 이 이름이 낯선 분도 계시겠지만, 일본에서는 **회사법**[2]에 근거한 계산서류가 더 널리 쓰이는 용어입니다. 회사법은 글자 그대로 **모든 회사가 준수해야 하는 법률**로서 주식회사뿐만 아니라 합명회사, 합자회사, 유한책임회사 등 현재 설립 가능한 모든 형태의 회사에 적용됩니다. 그만큼 범용적인 명칭이라고 할 수 있습니다.

결산서와 재무제표는 각각 법적 근거가 다르지만, 일단 여기서 중요한 점은 '결산서', '재무제표', '계산서류'가 기본적으로 같은 것을 가리킨다는 사실입니다. 서류의 범위에 차이는 있으나 기본적으로 재무상태표와 손익계산서는 모두 포함됩니다. 이 점을 기억하고 있으면 '주주총회 소집통지에 계산서류를 첨부할 것'과 같

---

2 '상법 제3편 회사'에 해당한다.

은 어려운 말을 들어도 당황하지 않을 수 있겠지요.

재무제표를 살펴보자

이제 재무제표를 구체적으로 살펴보겠습니다. 그림 2-1(a)와 (b)는 가전제품 판매업을 운영하는 주식회사 노지마의 재무상태표와 손익계산서입니다. 이 두 개의 표가 재무제표의 핵심입니다. 표를 읽는 방법은 차례로 설명할 예정이니, 지금은 자세히 들여다보지 않아도 괜찮습니다. 쓱 훑어보면서 재무제표의 형태를 눈에 익히는 정도로 충분합니다.

참고로 그림 2-1에는 '2022년 3월기(月期)'라고 적혀 있습니다. 이것은 '2022년 3월에 종료하는 회계연도', 즉 3월 결산을 뜻하며 기간은 '2021년 4월 1일부터 2022년 3월 31일까지'입니다. '2021년도'라고 부르기도 하지만, 회계 전문가들은 '2022년 3월기'라는 표현을 더 자주 사용합니다. 이러한 호칭은 일본에서 회계연도를 정하는 방식과 관련이 있습니다.

기업의 회계연도가 1월 1일부터 12월 31일까지로 고정된 국가도 있지만, 일본에서는 회계연도를 기업이 임의로 설정할 수 있습니다.[3] 3월 결산이 대부분이지만, 12월에 결산하는 기업도 꽤 많습

그림 2-1 주식회사 노지마의 재무제표(2022년 3월기)

(a) 재무상태표

(단위: 천만 원)

(단위: 천만 원)

자산		부채	
유동자산		유동부채	
현금 및 현금성자산	7,705	외상매입금	25,708
매출채권	22,443	단기차입금	500
단기투자자산	19,997	미지급금	4,735
상품 및 제품	34,598	미지급법인세	4,516
기타	8,550	포인트충당부채	359
대손충당금	△2	기타	28,647
유동자산 합계	93,291	유동부채 합계	64,465
비유동자산		비유동부채	
유형자산		장기차입금	2,100
건물	15,278	퇴직급여충당부채	5,725
기계장치	270	임원퇴직위로금충당부채	177
차량운반구	125	기타	11,898
토지	12,208	비유동부채 합계	19,900
기타	3,210	부채 총계	84,365
유형자산 합계	31,091		
무형자산		자본	
소프트웨어	951	주주자본	
기타	355	자본금	6,330
무형자산 합계	1,306	자본잉여금	5,245
투자자산 및 기타비유동자산		이익잉여금	104,916
장기투자증권	1,023	자기주식	△5,221
관계회사주식	53,320	주주자본 합계	111,271
기타	18,368	기타포괄손익누계액	
투자자산 및 기타비유동자산 합계	72,711	매도가능증권평가손익	207
비유동자산 합계	105,109	기타포괄손익누계액 합계	207
자산 총계	198,401	주식매수선택권	2,557
		자본 총계	114,035
		부채 및 자본 총계	198,401

(b) 손익계산서	
(단위: 천만 원)	
매출액	269,349
매출원가	186,239
매출총이익	83,109
판매비와 관리비	
광고선전비	10,536
급여 및 수당	21,453
임차료	12,227
감가상각비	2,227
수도광열비	1,620
기타	15,531
판매비와 관리비 합계	63,594
영업이익	19,514
영업외수익	
이자수익	7
배당금수익	7,939
기타	2,981
영업외수익 합계	10,927
영업외비용	
이자비용	78
기타	458
영업외비용 합계	536
경상이익	29,906
특별이익	
관계회사주식처분이익	6,694
주식매수선택권환입이익	171
유형자산처분이익	13
특별이익 합계	6,878
특별손실	
투자자산처분손실	2,791
감모손실	316
특별손실 합계	3,108
법인세비용차감전순이익	33,676
법인세 등	8,087
당기순이익	25,588

니다. 참고로 다카시마야 백화점은 2월 결산이고, 패션 브랜드 유니클로로 유명한 패스트리테일링은 8월 결산입니다.

이처럼 결산일이 기업마다 다르기 때문에 '2021년도'라고만 하면 구체적인 기간을 알기 어렵습니다. 그래서 '2022년 3월기'와 같이 표기하는 것입니다.

---

3 대부분의 국내 기업은 1월 1일부터 12월 31일까지를 한 회계연도로 정하고 있지만, 회계연도는 기업이 임의로 설정할 수 있다.

알고 싶은 것은 재산의 증감

재무제표의 핵심인 재무상태표와 손익계산서를 통해 알고자 하는 것은 기업이 돈을 얼마나 벌었는가, 즉 재산의 증감 여부입니다.

재산의 증감 여부를 알기 위해서는 재산목록을 작성해야 합니다. 특정 시점을 기준으로 재산목록을 만든 다음, 일정 기간이 지난 후에 다시 목록을 만들어 비교해보면 재산이 늘었는지 줄었는지

그림 2-2 재무상태표와 손익계산서의 관계

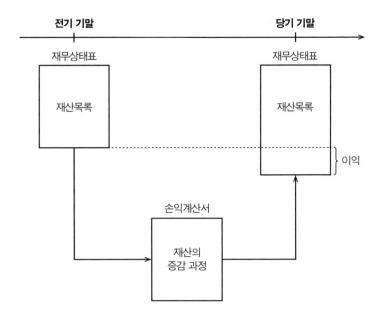

알 수 있습니다. 기업의 **재산목록에 해당하는 것이 재무상태표**입니다. 순재산이 늘어났다면 이익이 발생한 것이며, 그 **순재산의 증가분이 곧 이익**입니다.

이런 식으로 이익을 파악할 수 있다면 재무상태표만으로도 충분하다는 생각이 듭니다. 그런데 왜 손익계산서라는 또 하나의 표가 필요한 것일까요?

어느 한 시점에서 작성된 재산목록은 사람으로 치면 키나 몸무게와 같은 신체 치수와 같습니다. 예컨대 키가 100센티미터였던 아이가 1년 후 120센티미터로 자랐다면, 이 정보만으로도 1년 동안 아이의 키가 20센티미터나 자랐다는 사실을 알 수 있습니다. 기업으로 따지면 커진 키가 이익에 해당하지요.

하지만 1년 사이에 20센티미터나 컸다는 사실만으로는 아이가 그만큼 성장하게 된 요인을 알 수 없습니다. 성장 요인을 파악하려면 어떤 음식을 얼마나 먹었고, 어떤 운동을 얼마나 했는지와 같은 1년 동안의 생활 기록이 필요합니다. 이 생활 기록에 해당하는 정보가 바로 손익계산서입니다. **손익계산서는 재산이 증감하게 된 일정 기간 사이의 과정을 기록한 것**이지요.

재무제표는 재무상태표와 손익계산서라는 두 가지 표를 결합해 과정과 결과를 보여줌으로써 재산의 증감, 즉 이익을 파악할 수 있도록 구성되어 있습니다. 참고로 주주의 추가적인 출자로 인한 증가는 이익으로 간주하지 않습니다. 이익은 어디까지나 경영활동을 통해 증가한 순재산의 증가분을 의미합니다.

재무상태표는 정지 영상, 손익계산서는 동영상

앞 절의 설명을 통해 재무상태표와 손익계산서의 정보가 서로 다른 성질을 가지고 있다는 사실을 알 수 있습니다.

그림 2-1의 재무상태표와 손익계산서는 숫자가 나열된 비슷한 표로 보이지만, 그 안에 담긴 정보의 성격은 다릅니다. 기업의 재산 목록인 **재무상태표는 특정한 시점의 순간적인 정보**를 나타냅니다. 어느 시점에서 기업의 상태를 촬영한 정지 영상이라고 할 수 있겠지요. 반면에 **손익계산서는 일정 기간 사이의 변화를 기록한 정보**로, 예를 들자면 1년 동안의 변화를 촬영한 동영상인 셈입니다. 정지 영상과 같은 정보를 **스톡 정보**라고 하며, 동영상과 같은 정보를 플로 정보라고 합니다.

그림 2-3을 보면 스톡(stock)과 플로(flow)의 관계를 한눈에 알 수 있습니다. 수조에는 처음에 100리터의 물이 차 있었습니다. 수도꼭지를 열어 물을 계속해서 붓고 있지만, 배수구가 열려 있어 물이 빠져나갑니다. 일정 시간이 지난 후, 배수구를 닫고 수도꼭지도

그림 2-3 스톡과 플로

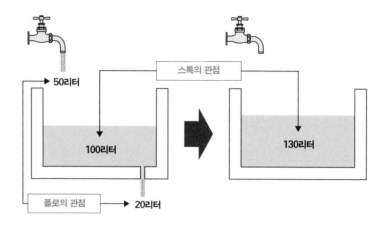

잠급니다. 이 시간 동안 부은 물의 양은 50리터이고, 빠져나간 물의 양은 20리터입니다. 그 결과, 수조에는 130리터의 물이 남게 되었습니다.

이때 물의 증가량을 구하는 방법은 두 가지입니다. 먼저 수조에 처음 들어 있던 100리터와 마지막에 남은 130리터의 차이를 구하면 30리터가 증가했음을 알 수 있습니다. 이것이 스톡의 관점입니다. 또는 일정 시간 동안 부은 50리터와 빠져나간 20리터의 차이를 구해도 30리터가 증가했음을 알 수 있습니다. 이것이 플로의 관점입니다.

재무제표의 기본 구조

현금흐름표의 역할

재무 3표 중 마지막 하나는 현금흐름표(Statement of Cash Flows, C/F)입니다. 그런데 왜 하필이면 '캐시플로(Cash Flow)'라고 하는 것일까요?

플로는 앞서 설명한 플로의 개념에서 온 것입니다. 반면에 캐시는 스톡의 개념입니다. 쉽게 말하면 특정 시점에서의 현금 잔액을 의미하지요. **현금흐름표는 현금이라는 특정 재산의 증감 과정을 나타내는 문서**입니다. 이름에서 알 수 있듯이 현금흐름표는 손익계산서와 비슷한 역할을 합니다(그림 2-4 참조). 손익계산서가 모든 재산의 증감 과정을 보여주는 것이라면, 현금흐름표는 그중에서도 현금의 증감 과정을 나타냅니다.

'현금흐름이 마이너스(-)'라는 말을 들으면 현금이나 예금 잔액이 없는 상태라고 생각할 수 있지만, 실제로는 그렇지 않습니다. **'현금이 마이너스'라면 말 그대로 현금 잔액이 없다는 뜻입니다.** 예컨대 통장 잔액이 0원 이하인 상태를 말하지요. 이런 경우는 은행에서 돈을 빌려 운영 중인 상태라고 생각할 수 있습니다.

반면에 **'현금흐름이 마이너스'라면 현금이라는 재산의 감소, 다시 말해 현금이 유출되었다는 것을 뜻합니다.** '이익이 마이너스'라고 해서 모든 재산이 사라졌다는 의미가 아닌 것처럼 말이지요. 예

그림 2-4 재무 3표의 위치 관계

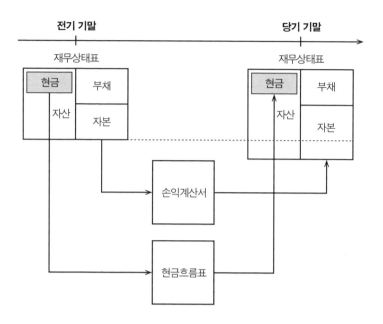

를 들어 전기 기말의 현금 잔액이 20,000원, 당기 기말의 현금 잔액이 15,000원이라면 현금흐름은 △5,000원이 됩니다.[4]

---

4 재무제표나 회계 관련 서류를 작성할 때 마이너스(음수)인 경우 삼각형으로 표시한다.

재무제표의 기본 구조

'가액'과 '가격'

'**가액(价額)**'은 회계에서 자주 등장하는 단어입니다. 비슷한 말로는 '**가격(价格)**'이라는 단어가 있습니다.

가격은 누구에게나 익숙하고 흔히 쓰이는 단어지만, 가액이 일상생활에서 등장할 일은 거의 없습니다. 그러나 회계에서는 가액이 훨씬 더 자주 쓰입니다.

가격과 가액의 차이는 영어로 설명하면 알기 쉽습니다. 가격은 'price'로 매매를 전제로 한 표현입니다. 상품 가격을 말할 때 쓰는 '값'과 비슷한 뜻입니다. 따라서 **가격은 매매와 관련된 상황에서만 사용됩니다.**

반면에 가액은 'value'에 해당합니다. 가액은 금전적인 수치를 의미하는 중립적인 단어로, '금액'과 거의 비슷한 말입니다. 단순히 수치적인 액수를 나타낼 뿐이지요. **가액은 중립적인 표현이므로 금액을 나타내야 하는 거의 모든 경우에 사용할 수 있습니다.**

예를 들어, 매매 시의 금액을 나타낼 때는 '판매가격'과 '판매가액'을 모두 쓸 수 있습니다. 반면에 '취득가격'이라는 표현은 쓰지 않고 '취득가액'만 사용할 수 있습니다. 취득가액이란 자산 등을 취득했을 때의 금액을 말하는데, 그 취득이 반드시 매매를 뜻하는 것은 아니기 때문입니다. 직접 제조할 수도 있고 누군가에게 증여받을 수도 있으니까요.

또한 '장부가액' 대신 '장부가격'이라고는 할 수 없습니다. 장부가액이란 회계장부에 기록된 금액을 의미하며, 감가상각 후에 남은 자산 금액 등이 이에 해당합니다. 감가상각 후에 남은 금액은 특정 규칙에 따라 계산된 값에 불과하기 때문입니다.

따라서 취득가액이나 장부가액은 '가액'이며 '가격'이 아닙니다. 가액은 기본적으로 모든 상황에서 쓰일 수 있기 때문에 회계에서는 가액이 더 자주 등장하는 것입니다.

재무상태표의 구조

주식회사 노지마의 재무상태표를 다시 살펴보겠습니다. 그림 2-5에 그림 2-1(a)에서 본 재무상태표를 다시 실었습니다. 여기서는 두 개의 표가 나란히 배치되어 있지만, 실제로는 재무상태표가 두 페이지에 걸친 표로 작성되는 경우가 많습니다. 두 페이지에 걸쳐서 작성하면 길게 이어진 하나의 표로 보이지만, 사실 이 두 개의 표는 **좌우가 짝을 이루는 구조입니다.** 또한 **재무상태표는 세로 방향의 배열에도 중요한 의미가 있습니다.**

재무상태표의 구조를 이해하기 위해서는 좌우의 관계와 세로 방향의 의미를 파악하는 것이 중요합니다.

그림 2-5 주식회사 노지마의 재무상태표(2022년 3월기)

(단위: 천만 원)

자산	
유동자산	
현금 및 현금성자산	7,705
매출채권	22,443
단기투자자산	19,997
상품 및 제품	34,598
기타	8,550
대손충당금	△2
유동자산 합계	93,291
비유동자산	
유형자산	
건물	15,278
기계장치	270
차량운반구	125
토지	12,208
기타	3,210
유형자산 합계	31,091
무형자산	
소프트웨어	951
기타	355
무형자산 합계	1,306
투자자산 및 기타비유동자산	
장기투자증권	1,023
관계회사주식	53,320
기타	18,368
투자자산 및 기타비유동자산 합계	72,711
비유동자산 합계	105,109
자산 총계	198,401

(단위: 천만 원)

부채	
유동부채	
외상매입금	25,708
단기차입금	500
미지급	4,735
미지급법인세	4,516
포인트충당부채	359
기타	28,647
유동부채 합계	64,465
비유동부채	
장기차입금	2,100
퇴직급여충당부채	5,725
임원퇴직위로금충당부채	177
기타	11,898
비유동부채 합계	19,900
부채 총계	84,365
자본	
주주자본	
자본금	6,330
자본잉여금	5,245
이익잉여금	104,916
자기주식	△5,221
주주자본 합계	111,271
기타포괄손익누계액	
매도가능증권평가손익	207
기타포괄손익누계액 합계	207
주식매수선택권	2,557
자본 총계	114,035
부채 및 자본 총계	198,401

재무제표의 기본 구조

재무상태표 좌우의 관계

먼저, 그림 2-6을 보면서 표의 왼쪽과 오른쪽의 관계를 살펴보겠습니다. 여러분이 지금 회사 설립을 앞둔 상황이라고 가정해봅시다. 사업을 시작하려면 먼저 자본금을 마련해야 합니다. 자기 회사를 차리는 것이니, 먼저 자신이 저축한 돈을 회사에 출자하겠지요. 그 밖에도 가까운 지인에게서 투자를 받을 수도 있고, 그래도 부족하다면 은행에서 돈을 빌릴 수도 있습니다.

이처럼 회사는 주로 회사에 출자하는 사람과 돈을 빌려주는 사람에게서 자금을 조달합니다. 출자하는 사람은 주주이며, 돈을 빌려주는 사람은 보통 채권자라고 부릅니다.

그림 2-6 재무상태표 좌우의 관계

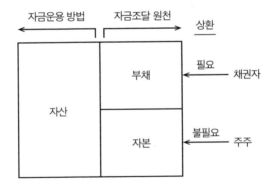

채권자와 주주에게서 조달한 자금의 가장 큰 차이는 회사에 상환의무가 있느냐 없느냐입니다. 채권자에게 빌린 자금은 부채라고 하며 상환의무가 있습니다. 한편, 주주에게서 조달한 자금은 **순자산** 또는 **자본**이라고 하며 상환의무가 없습니다. 이것이 재무상태표 오른쪽에 있는 정보입니다. 재무상태표의 오른쪽은 회사가 어디에서 자금을 조달했는가, 즉 **자금조달 원천**을 나타냅니다. 그 정보를 상환의무의 유무에 따라 부채와 자본으로 나누어 각각 위아래에 배치합니다.

이제 자금조달이 끝났다면, 회사는 자금을 사용해서 사업에 필요한 것을 준비합니다. 만약 제조업이라면 토지, 공장, 설비, 원재료 등이 필요하겠지요. 이것이 재무상태표의 왼쪽에 있는 정보입니다. 재무상태표의 왼쪽을 **자산**이라고 부르며, 이는 사업을 운영하는 데 필요한 '구조'를 의미합니다. 재무상태표의 왼쪽은 회사가 조달한 자금을 어디에 사용했는가, 즉 **자금운용 방법**을 나타냅니다. 쉽게 말해 '조달한 자금의 사용처'라고 할 수 있습니다.

왜 재무상태표는 좌우가 일치하는가?

재무상태표의 본질은 재산목록입니다. 그림 2-5의 왼쪽 표를 보면, 현금 및 현금성자산을 비롯한 여러 가지 재산이 기록되어 있습니다. '재산목록'이라고 하면 일반적으로 재무상태표의 왼쪽을 떠올리곤 하지요. 재무상태표는 왼쪽에 재산목록, 오른쪽에 자금의 출처가 기록된 형태를 하고 있습니다.

이러한 구조에는 깊은 의미가 있습니다. 현대의 기업, 특히 상장 기업이 수많은 주주와 은행(채권자)으로부터 자금을 조달하는 이유는 특정 개인의 자본력을 뛰어넘는 대규모 사업을 전개하기 위해서입니다. 다시 말해 타인의 돈으로 사업을 운영하고자 하는 것입니다.

주주와 은행으로부터 자금을 조달할 때 기업은 다음과 같은 약속을 합니다.

- **은행:** 기일에 맞추어 대출금을 상환하고, 소정의 이자를 지급한다.
- **주주:** 출자금을 상환하지 않는 대신, 발생한 이익을 배당금으로 분배한다.

그림 오른쪽에서 보는 것처럼 **'순자산이 출자액을 초과한 부분'이 이익**입니다. 이익이란 주주에게 귀속되는 것이며, 자산에서 부채를 뺀 순자산이 주주의 출자액을 초과한 부분을 말합니다. 이를 명확히 나타내기 위해 재무상태표는 좌우가 짝을 이루는 구조를 하고 있습니다.

그림 2-7을 보면서 구체적으로 설명하겠습니다. 주주의 출자액(자본금)이 300, 은행에서 받은 대출금(부채)이 600, 회계연도 종료 시점의 자산이 1,000이라고 가정해봅시다.

회사가 보유 중인 자산 1,000에만 주목하면 자산액이 주주의 출자액을 크게 웃도는 것처럼 보입니다. 그러나 은행에 600을 상환해야 할 의무가 있으므로, 자산 1,000 중에 600은 은행의 몫입니다. 따라서 자산 1,000에서 부채 600을 뺀 400이 회사의 순자산(자본)입니다.

만약 자산이 모두 현금이라고 단순화해서 생각해보면, 수중에 있는 1,000 중에 600은 은행에 갚아야 할 돈이므로 회사의 순수한 재산은 400이라는 계산이 됩니다. 이때, 회사의 순자산 400은 주

그림 2-7 순자산과 주주의 출자액 비교

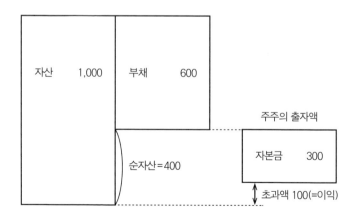

주의 출자액 300보다 100 더 많습니다. 이 100이 이익이고 주주에게 배당으로 환원됩니다.

따라서 **경영자는 주주로부터 맡은 자금을 기업의 비즈니스(=재무상태표의 왼쪽)를 통해 운용하는 일종의 '펀드 매니저'와 같습니다.** 자금을 운용해 생긴 수익이 이익인 셈이지요. 그래서 재무상태표의 왼쪽을 자금의 운용 방법이라고 하는 것입니다.

재무상태표의 또 다른 이름

재무상태표의 구조에서 알 수 있듯이 회계는 정보를 좌우 한쌍으로 정리하는 방식을 선호합니다. 또, 왼쪽과 오른쪽에는 각각 이름이 있습니다. 회계에서는 왼쪽을 **차변**, 오른쪽을 **대변**이라고 부릅니다.

이 독특한 이름은 근대 일본의 계몽 사상가 후쿠자와 유키치가 미국의 부기 교과서를 번역하면서 고안한 것으로, 차변과 대변은 자금 제공자의 관점에서 만든 표현입니다. 후쿠자와 유키치가 살던 시대에는 은행이 주요 자금 제공처였기 때문에 재무제표를 주로 이용하는 것도 은행이었습니다. 은행은 자금의 조달과 지출이라는 관점에서 은행의 돈을 빌려 쓰는(借) 상대를 왼쪽, 은행에 돈을 빌려주는(貸) 상대를 오른쪽에 기록했습니다. 그 영향으로 왼쪽을 차변, 오른쪽을 대변이라고 부르게 된 것입니다. 재무상태표의 다른 이름인 '대차대조표(貸借對照表)'는 차변과 대변에서 유래한 것입니다. 재무상태표의 본질은 재산목록이지만, 그 구조가 차변과 대변을 비교하는 형태로 되어 있기 때문입니다. 영어로는 좌우가 항상 균형을 이룬다는 뜻으로 **밸런스 시트**(Balance Sheet)'라고 하며, 이를 줄여 **B/S**라고도 부릅니다. 대차대조표라는 이름도 밸런스 시트라는 이름도 그 구조적 특징에서 비롯된 것입니다.

자산과 부채의 의미

앞서 '자산은 사업을 운영하는 데 필요한 구조', '부채는 상환의무가 있는 자금조달 원천'이라고 설명했는데, 여기서 '자산'과 '부채'의 정의를 명확히 짚고 넘어가겠습니다.

자산과 부채의 정의를 간단히 정리하면 다음과 같습니다.

자산: 미래에 기업의 경제적 가치를 증가시킬 가능성

부채: 미래에 기업의 경제적 가치를 감소시킬 가능성

여기서 말하는 '경제적 가치'란 꼭 현금을 뜻하는 것은 아니지만, 간단히 현금이라고 이해해도 무방합니다. 한마디로 **자산은 미래에**

현금을 증가시킬 수 있는 '**긍정적인 가능성**'이고, **부채는 그 반대인 '부정적인 가능성**'이라고 할 수 있습니다.

예를 들어, 설비를 보유하고 있으면 제품을 생산하고 판매해 그 대가로 현금을 얻을 수 있습니다. 이처럼 미래에 현금을 증가시킬 가능성이 있으므로 설비는 자산으로 계상하는 것입니다.

반면에 차입금에는 상환기일까지 돈을 갚아야 할 의무가 있습니다. 따라서 차입금을 보유하고 있으면 미래에 현금이 줄어들게 됩니다. 또 차입금에는 이자가 붙기 때문에 그만큼 추가로 현금이 줄어듭니다. 이처럼 미래에 현금을 감소시킬 가능성이 있으므로 차입금은 부채로 계상합니다.

채권과 채무

채권과 그 반대개념인 **채무**에 관해서도 다시 한번 설명하겠습니다.

채권의 '권(權)'은 권리를, 채무의 '무(務)'는 의무를 뜻합니다. 따라서 채권과 채무의 기본적인 의미는 각각 '권리'와 '의무'입니다. 여기에 '채(債)'라는 글자가 붙으면, '경제적 거래'라는 의미가 추가됩니다. 간단히 '돈과 관련된'이라는 의미로 이해해도 좋습니다.

채권자의 대표적인 예는 은행입니다. 은행은 빌려준 돈에 대해 상환을 요구할 권리를 가지고 있기 때문입니다. 반대로 상환의무를 가진 기업은 채무자가 됩니다.

은행은 채권자의 전형적인 예이고 문맥에 따라 '채권자'가 은행을 뜻하기도 하지만, 은행 외에도 채권자는 존재합니다. 예컨대 상품이나 재료의 공급업체도 채권자가 될 수 있습니다. 상품이나 재료를 구매할 때, 보통은 즉시 대금을 결제하지 않고 나중에 한꺼번에 정산합니다. 공급업체는 구매한 기업에 대한 대금 청구권이 있으므로 채권자가 되고, 기업은 대금 지급 의무가 발생하기 때문에 채무자가 됩니다. 매출채권은 대금 청구권을 의미하고, 매입채무는 대금을 지급할 의무를 뜻합니다.

'채무'와 비슷한 말로 '부채'가 있습니다. 이 두 단어는 일상적으로 혼용되기도 하지만, 본래 의미는 다음과 같습니다. 부채는 앞서 설명한 바와 같이 미래에 현금을 감소시킬 가능성을 의미합니다. 그중에서 의무가 확정된 것을 채무라고 합니다. 즉, 부채는 의무의 유무와 관계없이 미래에 현금이 감소할 가능성을 넓게 지칭하는 용어입니다. 포함관계로 보면 부채가 채무보다 더 넓은 개념입니다(그림 2-8 참조).

대부분의 부채는 채무에 해당하므로 이 둘을 너무 엄격하게 구분할 필요는 없습니다. 예를 들어 차입금은 은행에 대한 상환의무가 확정되어 있으므로 부채이자 채무입니다.

그림 2-8 부채와 채무

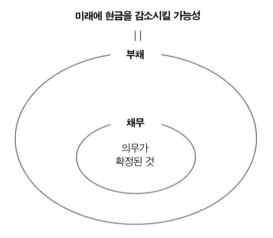

반면에 채무가 아닌 부채의 예로는 충당부채가 있습니다. 뒤에 4장 4-5에서 자세히 다루겠지만, 충당부채는 미래에 현금이 감소할 가능성에 대비해 계상하는 것입니다. 하지만 대부분 그저 가능성일 뿐 의무로서 확정된 것은 아닙니다.

세로 방향은 유동성의 순서를 나타낸다

이제 재무상태표를 세로 방향으로 살펴보겠습니다.

그림 2-5에 실은 주식회사 노지마의 재무상태표를 보면 왼쪽의

자산은 크게 **유동자산**과 **비유동자산**으로 나뉘어 있고, 오른쪽 위의 부채도 **유동부채**와 **비유동부채**로 나뉘어 있습니다. **재무상태표는 좌우 모두 위에서 아래로, 유동성의 순서에 따라 나열**되어 있습니다(그림 2-9 참조).

유동성이란 현금화 가능성을 의미합니다. 즉, 얼마나 쉽게 현금으로 전환되어 기업에 들어오고 나갈 수 있는지를 나타내지요.

그렇다면 무엇을 기준으로 '쉽게' 현금화된다고 할 수 있을까요? 가장 기본적인 판단 기준으로 사용되는 것이 **1년 기준**(one year rule)입니다. **현금의 유출입이 1년 이내에 발생하는 것을 '유동', 1년 이상 지나서 발생하는 것을 '비유동'**이라고 부르는 것이지요.

그림 2-9 재무상태표의 세로 방향은 유동성의 순서를 나타낸다

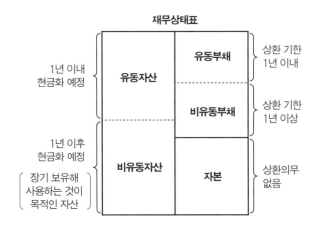

재무제표의 기본 구조

가장 알기 쉬운 예는 그림 2-5 부채 항목에 있는 단기차입금과 장기차입금입니다. '단기'와 '장기'는 대략적인 기간의 길고 짧음을 가리키는 것이 아니라 명확한 기준에 따라 구분됩니다. **단기는 '1년 이내', 장기는 '1년 이상'**을 의미합니다. 따라서 단기차입금은 상환 기한이 1년 이내에 도래하는 차입금이며, 장기차입금은 상환 기한이 1년 이상인 차입금을 말합니다. 그래서 단기차입금은 유동부채에, 장기차입금은 비유동부채에 계상되는 것입니다. 이것이 1년 기준의 전형적인 예입니다. 모든 항목이 엄격하게 이 규칙을 따르는 것은 아니지만, 일반적으로 유동부채는 1년 이내에 현금이 나가는 항목이고, 비유동부채는 1년 이후에 나가는 항목을 말합니다. 유동자산도 마찬가지로 1년 이내에 현금화될 가능성이 있는 자산이며, 비유동자산은 1년 이후에 현금화될 자산을 의미합니다.

비유동자산에 대해 조금 더 설명하자면, 1년 이후에 현금화된다는 것은 곧 '애초에 현금화할 의도가 없다'는 것을 의미합니다. 그 목적은 기업이 직접 소유하고 사용하는 데 있다는 뜻이지요.

또, 비유동자산은 크게 **유형자산, 무형자산, 투자자산**으로 나눌 수 있습니다. 유형자산은 말 그대로 형태가 있는 자산입니다. 쉽게 말해 '만질 수 있는 자산'입니다. 그림 2-5 주식회사 노지마의 재무상태표를 보면 유형자산 항목에는 건물, 기계장치, 차량운반구, 토지 등이 포함되어 있습니다. 무형자산은 이름 그대로 형태가 없는 자산으로 '만질 수 없는 자산'입니다. 노지마의 무형자산에는 **소프트웨어**가 포함되어 있습니다. 이것은 회계 시스템, 판매관리 시스템, 고객관리 시스템 등과 같이 기업의 정보시스템에서 사용되는 것입니다. 일반적으로 소프트웨어는 무형자산에서 가장 큰 부분을 차지합니다. 정보시스템이 기업 운영에 필수적인 요소인 점을 고려할 때, 그 규모가 큰 것은 당연한 일입니다. 참고로 하드웨어는 유형자산으로 분류됩니다.

그 외에 흔히 볼 수 있는 무형자산으로는 특허권, 의장권과 같은 지식재산권이 있습니다. 이러한 권리를 보유하면 장기간에 걸쳐 현금흐름을 증가시킬 수 있기 때문에 무형자산에 해당하는 것입니다.

투자자산으로는 타사의 주식을 비롯한 금융자산이 포함됩니다.

'순자산'인가? '자본'인가?

현재 일본 회계 제도에서는 재무상태표의 오른쪽 하단을 **순자산**이라고 부르지만, 2005년 이전에는 자본이라고 불렀습니다.[1] 또한, IFRS를 채택한 일본 기업들 역시 '자본'이라는 용어를 사용하고 있

---

1 일반적으로 국내 기업의 재무상태표에서는 '자본'으로 표기한다.

재무제표의 기본 구조

습니다. 이렇게 '순자산'과 '자본'이 혼용되고 있다는 것은 둘 중의 하나를 자유롭게 선택해도 된다는 뜻일까요?

사실, 이 둘의 의미는 근본적으로 다릅니다. '본(本)'이라는 글자에서 알 수 있듯이 '자본'에는 '밑천'이라는 뜻이 있습니다. '건강이 밑천'이라고들 하지요. 이 말은 '어떤 일을 하든 건강한 몸이 기본'이라는 뜻입니다. 이와 마찬가지로 '자본'이라는 단어를 쓰면 자산에서 부채를 뺀 부분이 **주주가 출자한 밑천**임을 강조하게 됩니다. 수식으로 표현하면 다음처럼 '덧셈'으로 나타낼 수 있습니다.

$$자산 = 부채 + 자본$$

즉, **'자산은 채권자가 제공한 부채와 주주가 제공한 자본으로 구성되어 있다'**고 보는 것입니다{그림 2-10(a)}.

반면에 '순자산'의 '순(純)'에는 '순액(net)'이라는 뜻이 있습니다. 순자산은 영어로 'net asset'이라고 하며 **자산에서 부채를 뺀 나머지**를 의미합니다{그림 2-10(b)}. 수식으로 표현하면 다음처럼 '뺄셈'으로 나타낼 수 있습니다.

$$자산 - 부채 = 순자산$$

그림 2-10 자본과 순자산

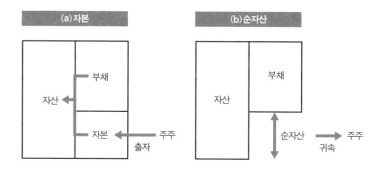

회사를 설립하거나 증자할 때는 주주가 투자한 돈으로 자산이 형성되기 때문에, 이때는 '자본'이라는 표현이 더 적합합니다. 반면에 사업이 본격적으로 운영되기 시작하면 자산에서 부채를 뺀 순수한 자산이 얼마나 되는가를 파악하는 것이 중요하므로, 이때는 '순자산'이라는 용어를 쓰는 것이 더 적절합니다.

일본 회계기준이 여러 차례 제도 개정을 거치면서 재무상태표의 순자산에는 다양한 항목들이 계상되기 시작했습니다. 그중에는 자산과 부채의 차액이라고밖에 할 수 없는 것들이 몇 가지 포함되어 있기 때문에, 현행 제도에서는 '순자산'이라는 용어를 사용하는 것이 적절합니다.

참고로 IFRS의 영어판에서는 재무상태표의 오른쪽 하단을

'**equity**'라고 표기하고 있습니다. equity의 정의는 '자산과 부채의 차액'이며 이는 명백히 '순자산'을 의미합니다. 그러나 일본어판 기준서에서는 어째서인지 '자본'이라고 번역하고 있습니다. 저는 이것이 오역이라고 생각합니다.

자본을 구성하는 두 가지 요소

여기서 자본 항목을 다시 살펴보겠습니다. 그림 2-5를 보면, 자본에는 이것저것 어려운 단어들이 나열되어 있습니다. 자본은 법 제도의 영향을 많이 받기 때문에 법적 배경을 모르면 이해하기 어려운 부분이 있지만, 여기서는 간단히 자본의 구성 요소를 살펴보도록 하겠습니다.

자본은 기본적으로 두 가지 요소로 구성됩니다. 자본이란 상환할 필요가 없는 자금원을 의미하는데, 여기서 그 자금원이란 무엇일까요?

첫 번째는 **주주의 출자**입니다. 구체적으로는 **자본금**과 **자본잉여금**을 말합니다. 자본잉여금은 일상적인 업무와 거의 관련이 없어 낯설 수 있지만, 간단히 말해서 영업활동과는 무관하게 기업이 자본을 증자하거나 자사주를 매각하는 등의 자본거래에서 발생하는 잉여금을 말합니다.

두 번째는 **이익의 내부유보**인데 구체적으로 **이익잉여금**을 의미합니다. 이익의 내부유보란 기업이 창출한 이익 중 일부를 다음 회계연도로 이월하는 것을 말합니다. 이월된 잉여금은 차기 사업 자금으로 사용되지요. 이것은 기업이 스스로 벌어들인 자금이므로 누구에게도 상환할 의무가 없습니다. 따라서 상환할 필요가 없는 자금원인 자본에 포함되는 것입니다.

자본은 연료탱크에 비유할 수 있습니다. 처음에는 비어 있지만, 주주가 자금이라는 연료를 투입하면 그것을 재무상태표의 왼쪽에 있는 자산으로 변환합니다. 그런 다음에는 기업이 자금을 재생산해 스스로 연료탱크를 채워 넣으면서 운영을 지속하는 것입니다.

자본금에는 중요한 의미가 거의 없다

자본금이 기업의 규모를 나타내는 중요한 정보라고 생각하는 사람들이 많습니다. 취업 준비 중인 학생들은 자본금의 액수를 보고 그 기업의 규모를 판단하기도 하지요. 그러나 자본금에는 그다지 중요한 의미가 없습니다. 전문가로서 보면 자본금은 그저 '단순한 숫자'에 불과합니다.

자본금에 대한 오해 중 하나는 자본금이 1,000억 원인 기업에 실제로 1,000억 원의 현금이 있다고 생각하는 것입니다. 물론 주주가 자금을 투입한 순간에는 1,000억 원의 현금이 있었겠지만, 그 자금은 설비투자나 인력 채용, 기타 지출에 사용되었기 때문에 1,000억 원의 현금은 그대로 남아 있지 않습니다. '자본금 1,000억 원'이라는 정보는 '과거에 그만큼의 출자가 있었다'는 기록일 뿐이지요.

또한, 주주가 출자한 금액이 그대로 자본금에 계상되는 것도 아닙니다. 앞서 언급한 자본잉여금을 자본금에 전입하는 사례도 있기 때문에 자본금이 기업의 규모를 나타내는 절대적인 지표가 될 수 없는 것입니다.

더 나아가 자본금의 액수를 사후에 감액하는 것도 가능합니다. 이를 **자본감소** 또는 **감자**라고 합니다. 감자에는 주주총회의 결의가 필요하므로 쉽게 할 수 있는 것은 아니지만, 과거에 비하면 훨씬 유연하게 이루어질 수 있게 되었습니다. 액수를 사후에 줄일 수 있다면 자본금은 그야말로 단순한 숫자에 불과합니다.

그래도 여전히 자본금의 액수에 따라 기업의 규모를 판단하는 제도가 남아 있습니다. 감자가 비교적 까다롭던 시절의 제도가 그대로 남아 있는 것입니다.

대표적인 예는 두 가지입니다. 두 가지 경우 모두 '어느 정도 규모가 있는 기업에는 그에 상응하는 의무를 부과'한다는 생각이 깔려 있습니다.

첫 번째는 **대기업**을 나누는 기준으로, 일본에서는 자본금이 5억 엔 이상이거나 부채가 200억 엔 이상인 기업이 대기업에 해당합니다.[2] 대기업이 되면 **독립된 외부감사인의 회계감사를 받아야 하는 의무**가 생깁니다. 상장기업에만 감사 의무가 부과된다고 생각하는 사람도 있지만, **상장 여부와 관계없이 일정 규모 이상의 대기업이 되면 외부감사 대상 법인**이 됩니다.[3]

자본금이 기업규모의 척도로 쓰이는 두 번째 사례는 세법상 **중소기업**을 나누는 기준으로, 자본금이 1억 엔 이하인 기업이 중소기업에 해당합니다.[4] 중소기업이 되면 여러 가지 세제 혜택을 받을 수 있어 세금을 절감할 수 있습니다. 반대로 자본금이 1억 엔을 넘으면 이러한 혜택을 받을 수 없게 됩니다.

기업의 상황에 따라 감자를 유연하게 실행할 수 있게 되었음에도 불구하고, 자본금을 척도로 하는 기준이 여전히 남아 있다는 점

2　우리나라는 공정거래위원회 지정 자산 총액 10조 원 이상인 기업집단을 대기업이라고 칭한다.

3　우리나라에서는 증권시장에 상장된 모든 기업과 비상장 주식회사 중 자산 총액이 500억 원 이상인 기업 등 몇 가지 요건을 충족한 기업은 외부감사 대상 법인이다.

4　산업별로 세부 기준이 다르지만, 일반적으로 매출액과 상시근로자 수를 기준으로 하며 제조업의 경우 매출액이 1,500억 원 이하, 상시근로자 수가 300명 이하인 기업이 중소기업으로 분류된다.

은 제도의 모순이라고 생각합니다. 이 모순이 상징적으로 드러난 사건이 있었습니다. 코로나19 팬데믹으로 인해 실적이 떨어진 일부 기업들이 감자를 실행해 자본금을 1억 엔으로 축소한 것입니다. 그 목적은 당연히 세금 부담을 줄이고 현금유출을 조금이라도 막기 위함이었지요. 제도에 모순이 있더라도 합법적인 선택인 이상, 실적이 어려운 기업이 당연히 할 법한 선택입니다.

'부자 아빠'는 진짜 자산에 돈을 쓴다

1997년에 발표되어 베스트셀러가 된 《부자 아빠 가난한 아빠》(로버트 기요사키, 샤론 레흐트 저)라는 책이 있습니다. 제목에서 짐작할 수 있듯이 부자가 되는 방법을 알려주는 책입니다.

부자가 되는 방법이라 하면 '돈 버는 방법'을 소개하는 경우가 대부분입니다. 부자가 되는 방법을 소개하는 책들은 대개 그런 내용을 다루지요. 그에 비해 이 책의 독특한 점은 '돈을 어떻게 쓸 것인가'라는 주제를 다룬다는 데 있습니다.

저자인 로버트 기요사키의 핵심 메시지 중 하나는 '진짜 자산'에 돈을 쓰라는 것입니다. 그러나 그는 많은 이들이 "부채를 얻으면서 그것을 자산으로 착각하고 있다"라고 말합니다. 로버트 기요사키가 말하는 자산이란 '내 주머니에 돈을 넣어 주는 것'이며, 부채란 '내 주머니에서 돈을 가져가는 것'입니다. 이 말은 앞서 설명했던 '자산은 미래에 현금을 증가시킬 가능성', '부채는 미래에 현금을 감소시킬 가능성'이라는 정의와 본질적으로 같습니다. 예를 들어 대부분이 '자산'이라고 생각하는 자가주택은 부채입니다. 왜냐하면 집을 소유하면 대출이자, 재산세, 수리비 등으로 현금이 계속 빠져나가기 때문입니다. 참고로 로버트 기요사키가 꼽은 '진짜 자산'으로는 다음과 같은 것들이 있습니다.

① 자신이 그 자리에 없어도 수입을 창출하는 사업(≒사업주)

② 주식, 채권, 투자신탁

③ 수입을 창출하는 부동산

④ 어음, 차용증서

⑤ 음악, 원고 등의 저작권, 특허권

하와이에서 나고 자란 로버트 기요사키는 서퍼를 위한 지갑을 고안해 성공한 사업가가 된 후, 부동산 투자로 더 큰 부를 쌓았습니다. 그는 ①과 ③으로 부자가 된 것입니다. 로버트 기요사키는 처음 사야 할 집은 수익을 창출하는 부동산이며, 자신이 살 집은 마지막으로 사야 한다고 생각했습니다.

그는 "부자는 돈이 자신을 위해 일하게 만들지만, 보통 사람들은 돈을 위해 일한다"라고 말합니다. 돈을 벌기 위해 끊임없이 일하는 모습을 영원히 빠져나올 수 없는 '쳇바퀴 돌리기'라고 표현하지요. 그리고 학교는 우수한 쥐를 만드는 교육만 하고 있다며 비판합니다. 상당히 일리가 있는 주장입니다. 이 책의 내용에는 찬반 양론이 있을 수 있지만, 적어도 부자가 되고 싶은 사람에게는 매우 시사점이 많다고 생각합니다.

참고로 이 책에는 다음과 같은 구절이 있습니다. "'회계학'이 세상에서 가장 지루한 과목이라고 생각하는 사람이 많을 것이다. 게다가 난해하기로는 천하제일이다. 하지만 부자가 되고 싶다

그림 2-11 쳇바퀴 돌리기

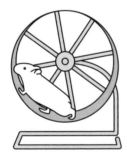

면 장기적으로 보았을 때 이만큼 도움이 되는 학문은 없다. 문제는 이 지루하고 어려운 학문을 어떻게 가르칠 것인가이다."

이 책《삶의 무기가 되는 회계 입문》이 지루하고 이해하기 어려운 학문을 쉽게 배우는 데 도움이 되었으면 좋겠습니다.

손익계산서의 구조

이익은 단계적으로 계산한다

다음으로 **손익계산서**에 대해 알아보겠습니다. 그림 2-12에 그림 2-1(b)에서 본 주식회사 노지마의 손익계산서를 다시 게재했습니다.

손익계산서는 기업의 재산 증감 명세서입니다. 기업의 재산을 증가시킨 요인에서 감소시킨 요인을 차감해 일정 기간 사이에 발생한 이익을 계산하는 것입니다. 과정은 매우 간단하며 구조적으로도 특별히 어렵지 않습니다. 단, **최종 이익을 한 번에 계산하는 것이 아니라 단계적으로 계산하는 구조**를 하고 있습니다. 따라서 손익계산서의 구조를 이해하려면 중간에 등장하는 여러 가지 이익

그림 2-12 주식회사 노지마의 손익계산서 (2022년 3월기)

(단위: 천만 원)

매출액	269,349
매출원가	186,239
매출총이익	83,109
판매비와 관리비	
광고선전비	10,536
급여 및 수당	21,453
임차료	12,227
감가상각비	2,227
수도광열비	1,620
기타	15,531
판매비와 관리비 합계	63,594
영업이익	19,514
영업외수익	
이자수익	7
배당금수익	7,939
기타	2,981
영업외수익 합계	10,927
영업외비용	
이자비용	78
기타	458
영업외비용 합계	536
경상이익	29,906
특별이익	
관계회사주식처분이익	6,694
주식매수선택권환입이익	171
유형자산처분이익	13
특별이익 합계	6,878
특별손실	
투자자산처분손실	2,791
감모손실	316
특별손실 합계	3,108
법인세비용차감전순이익	33,676
법인세 등	8,087
당기순이익	25,588

을 이해하는 것이 중요합니다. 이제부터 어떤 이익이 등장하는지 순서대로 살펴보겠습니다.

매출총이익은 기업이 벌어들인 대략적인 이익

어떤 기업이 제품을 700원에 매입해 1,000원에 판매했다고 가정해봅시다. 이때 제품을 판매한 금액 1,000원이 **매출액**이고 제품을 구매하는 데 든 비용 700원이 **매출원가**입니다. 이 두 금액의 차액인 300원을 **매출총이익**이라고 합니다. 손익계산서에서 첫 번째로 계산되는 이익이지요. 매출총이익은 아직 모

든 비용을 제하지 않은 '대략적인 이익'으로서 흔히 **마진**이라고도
부릅니다.

영업이익은 본업에서 벌어들인 이익

매출총이익 다음에 보이는 것이 **판매비와 관리비**입니다. 이를 줄
여서 **판관비**라고도 합니다. 판매비와 관리비는 말 그대로 판매 및
일반 관리와 관련된 모든 비용을 의미합니다. 다시 말해 영업활동
을 하면서 일상적으로 발생하는 비용을 뜻하지요.

그림 2-12를 보면, 주식회사 노지마의 손익계산서에는 광고선
전비, 급여 및 수당(일명 인건비), 임차료, 감가상각비, 수도광열비 등
이 포함되어 있습니다. 군이 구분하자면 광고선전비는 판매비에
해당하고 나머지는 관리비로 분류됩니다. 어찌 되었든 이 내용을
보면 판관비가 **본업을 할 때 일상적으로 발생하는 비용**'이라는 것
을 알 수 있습니다.

매출총이익에서 이 판관비를 뺀 것이 **영업이익**입니다. 회계에서
말하는 '영업'이란 기업의 '본업' 혹은 '주된 영업활동'으로 해석하
면 됩니다. 따라서 영업이익은 '본업에서 벌어들인 이익'을 의미합
니다.

경상이익은 꾸준히 발생하는 이익

영업이익이 본업에서 벌어들인 이익이라면 그 아래부터는 본업과 관련 없는 이익이라는 뜻이 되겠지요. 영업이익의 밑에는 **영업외수익**과 **영업외비용**이 이어지는데, 이는 '본업 외에서 발생한 이익과 손실을 플러스, 마이너스한 것'이라고 생각하면 됩니다.

본업 이외의 대표적인 활동은 금융거래로, 돈을 빌리거나 빌려주는 행위를 말합니다. 돈을 빌려주고 받는 이자는 영업외수익에 이자수익으로 계상됩니다. 반대로 돈을 빌렸을 때 발생하는 이자는 영업외비용으로서 이자비용에 포함됩니다. 또한, 남은 자금을 주식에 투자하는 것도 금융거래의 일종입니다. 주식을 사서 받은 배당은 배당금수익으로 영업외수익에 반영됩니다.

이러한 금융거래는 본업 외에서 발생하는 것이지만, 부서에 따라서는 일상적으로 처리하는 업무 중 하나입니다. 예를 들어 재무부는 자금 상황에 따라 은행에서 돈을 대출하거나 상환하고, 여윳돈을 주식에 투자하기도 합니다. 따라서 여기까지는 기업의 정상적인 활동이라고 할 수 있습니다.

이러한 영업외수익과 영업외비용을 포함한 이익을 **경상이익**[1]이

---

1 한국의 경우 국제회계기준이 도입되면서 손익계산서에 경상이익을 따로 구분해 표기하지 않는다.

라고 부릅니다. 경상이익이란 '기업의 본업 외에도 지속적으로 발생하는 이익'을 의미합니다. 기업이 경영활동을 하면서 '꾸준히 발생하는 이익'이라고 보는 것입니다.

조직의 역할로 구분하자면 **제조나 영업 등의 현업 부서를 통해 일상적으로 발생하는 것이 영업이익이고, 간접 부서까지 모두 포함한 것이 경상이익**이라고 정리할 수 있습니다.

특별이익과 특별손실은 특수 사례

경상이익까지는 꾸준히 발생하는 이익이지만, 그 이후에 등장하는 **특별이익**과 **특별손실**[2]은 좀처럼 발생하지 않는 '특수 사례'입니다.

그림 2-13은 주식회사 시세이도의 2020년 12월기 손익계산서에서 특별이익과 특별손실이 게재된 부분을 발췌한 것입니다. 이 것을 보면 매우 특이한 특별이익과 특별손실이 눈에 띕니다.

먼저, 특별손실의 세 번째 줄을 보면 'COVID-19에 따른 손실'이라는 항목이 있습니다. 코로나19와 같은 전염병이 유행하는 것

---

2 한국 회계기준에서 특별이익과 특별손실은 따로 구분하지 않고 각각 영업외수익과 영업외비용에 포함한다.

그림 2-13 주식회사 시세이도의
특별이익과 특별손실(2020년 12월기)

(단위: 천만 원)

특별이익	
유형자산처분이익	488
투자자산처분이익	819
정부보조금	184
관계회사청산이익	3,556
포합주식소멸이익	51
특별이익 합계	5,099
특별손실	
유형자산처분손실	2,434
구조조정비	1,963
COVID-19에 따른 손실	1,621
투자자산처분손실	1
투자자산손상차손	499
지분법손실	78
특별손실 합계	6,599

은 그야말로 특수한 상황입니다. 마스크 착용이 일상화되면서 립스틱을 비롯한 화장품의 판매량이 감소했고 백화점 등의 주요 매장이 휴업한 시기도 있었기 때문에, 화장품 회사인 시세이도는 상당한 손실을 보았을 것으로 추정됩니다.

또 특별이익의 세 번째 줄에는 '정부보조금'이라는 항목이 있습니다. 이것도 코로나19와 관련이 있습니다. 회사의 공시 자료에 따르면, 정부보조금이란 '주로 신종 코로나바이러스 감염증과 관련해 정부 및 지자체에서 직원 고용 유지와 급여 지급 명목으로 보조금 및 지원금을 받은 것'이라고 설명하고 있습니다. 이러한 보조금을 지원받는 것 역시 특수한 상황입니다.

조금 더 일반적이라고 볼 수 있는 항목으로는 시세이도의 특별이익과 특별손실 첫 번째 줄에 있는 유형자산처분이익과 유형자산처분손실이 있습니다. 유형자산처분이익은 그림 2-12 주식회사 노지마의 특별이익에도 등장한 것입니다.

이러한 항목들이 특별한 것으로 분류되는 이유는 유형자산을 포함한 비유동자산의 의미를 떠올리면 쉽게 이해할 수 있습니다. 비유동자산은 장기간 소유하면서 사용하기 위한 자산이므로 이것을 처분하는 일은 매우 드뭅니다. 따라서 비유동자산을 처분할 때 발생하는 처분이익이나 처분손실도 특수 항목으로 분류되는 것입니다.

당기순이익은 실질적으로 손에 쥐는 이익

드물게 발생하는 특수한 항목이라 할지라도, 해당 연도에 발생한 것은 사실이기 때문에 특별이익과 특별손실까지 포함해 **법인세비용차감전순이익**을 계산합니다. 여기에 **법인세 등** 각종 세금을 빼고 남은 것이 당기순이익입니다. 법인세를 비롯한 여러 세금을 통칭해서 '법인세 등'이라고 부르기도 합니다.

당기순이익의 '순'에는 앞서 설명했듯이 '순액(純額)'이라는 뜻이 있습니다. 즉, 당기순이익은 여러 비용을 빼고 거기에 세금까지 제한 후에 남은 순수한 이익, 다시 말해 실질적으로 손에 쥐는 이익을 말합니다.

어디로 계상할지는 외우지 않아도 된다

지금까지 손익계산서에 등장하는 각종 이익의 의미와 이익을 계산할 때 필요한 판매비와 관리비, 영업외수익 및 영업외비용, 특별이익 및 특별손실에 어떤 항목이 포함되는지 알아보았습니다.

회계 전문가들은 "이 항목은 이리로 계상해야 한다"라는 식으로 마치 정해진 규칙이 있는 것처럼 이야기합니다. 또 이 항목을 어디에 계상해야 하는지 물어보면 곧바로 답을 주곤 하지요. 그러다 보니 모든 항목의 계상 위치가 미리 정해져 있고, 그것을 외워야 한다고 생각하기 쉽습니다. 그러나 실제로는 그렇지 않습니다.

전문가들은 그때그때 상황에 따라 판단합니다. 판단하는 시간이 짧아 즉각 답하는 것처럼 보이지만, 모든 것이 다 정해져 있는 것도 아니고, 그 내용을 단순히 외우고 있는 것도 아닙니다. 매번 상황에 따라 판단하는 것이지요.

따라서 굳이 계상 위치를 외울 필요는 없습니다. 위치가 명확하게 정해져 있지 않은 경우도 많으므로 외우는 것 자체에 큰 의미가 없습니다. 실제로 실무에서는 기업과 이를 점검하는 감사법인 사이에서 의견이 갈리기도 합니다.

일반적으로 기업은 긍정적인 항목을 위쪽에 계상하려고 합니다. "어쩌다 운이 좋았습니다(=특별이익)"라고 하는 것보다 "일상적인

재무제표의 기본 구조

일입니다(=영업외수익)"라고 하는 게 더 좋고, "이것은 본업에서 발생한 수익입니다(=매출액)"라고 하는 게 더욱 보기 좋을 테니까요.

또 기업은 부정적인 항목을 아래쪽에 계상하려고 합니다. "본업에서 발생한 비용입니다(=매출원가, 판관비)"라고 하는 것보다 "본업 외의 비용입니다(=영업외비용)"라고 하는 게 더 좋고, "이번에만 특별히 발생한 지출입니다(=특별손실)"라고 할 수 있다면 더욱 좋기 때문입니다.

기업은 이러한 의도 때문에 감사법인과 의견이 충돌할 수 있습니다. 무엇을 어디에 계상할지 판단할 때 중요한 포인트는 앞서 설명한 바와 같습니다. 요약하자면 첫 번째로 중요한 판단 기준은 영업이익입니다. 즉, 그것이 본업에서 비롯된 것인지 아닌지가 중요합니다. 두 번째 판단 기준은 경상이익으로, 그것이 통상적으로 발생할 수 있는 일인지의 여부가 기준이 됩니다.

경상이익이 중요한 이유

　　일본은 오래전부터 경상이익을 매우 중요하게 여겨왔습니다. 하지만 IFRS나 미국 회계기준에서는 경상이익이라는 개념을 사용하지 않습니다.

　　일본에서 경상이익을 중요시하는 이유 중 하나는 일본의 자금조달 방식과 관련이 있습니다. 일본에서는 오랫동안 자금조달의 주요 수단이 은행에서의 차입이었습니다. 일본에서 주식 발행을 통한 자금조달이 더 이상 특별한 일이 아니게 된 것은, 상장을 목표로 하는 벤처기업이 늘어나기 시작한 2000년대부터라고 할 수 있습니다. 그러나 여전히 대기업은 신주를 발행해 자금을 조달하는 경우가 매우 드물며, 주로 은행에서 자금을 차입하고 있습니다. 따라서 무차입 경영을 하는 극소수의 기업을 제외하면, 대부분의 기업은 은행에 지급하는 이자비용이 꾸준히 발생합니다. 이는 일종의 판관비 성격의 비용으로 볼 수 있습니다. 그러므로 이자비용을 차감한 후의 이익을 확인해야 기업의 실제 이익 규모를 제대로 파악할 수 있습니다. 이것이 일본에서 경상이익이 중시되는 까닭입니다. 그렇다면 왜 IFRS에서는 경상이익을 사용하지 않는 것일까요? 왜냐하면 IFRS에서는 특별이익과 특별손실을 구분해서 표시하는 것을 금지하고 있기 때문입니다. 특별한 것이 무엇인지에 대한 기업의 자의적 판단이 개입되는 것을 IFRS는 허용하지 않습니다. 특별이익과 특별손실을 구분하지 않는다면 그 경계에 있는 경상이익을 계상할 방법도 없어집니다.

이익은
어디로 가는가

이익은 주주의 몫

그렇다면 발생한 이익은 어떻게 쓰일까요? 이 질문에 '급여 인상'이라고 대답하는 사람이 의외로 많지만, 안타깝게도 급여는 오르지 않습니다. 장기적으로는 급여 인상의 판단 기준이 될 수도 있겠지만, 이익이 발생했다고 해서 그 이익이 근로자의 주머니에 직접 들어오는 것은 아닙니다.

당기순이익은 먼저 주주에게 배당금을 지급하는 데 사용됩니다. 이익은 주주의 출자금을 바탕으로 창출한 재산이고, 이를 주주에게 분배하는 것은 주주와의 약속입니다. 이 분배금이 바로 배당입니다. 즉, 이익은 주주의 출자금을 바탕으로 사업을 운영한 결과 발생한 투자수익이라고 할 수 있습니다.

하지만 당기순이익의 전액을 배당하는 것은 아닙니다. 오히려 전액을 배당하지 않고 일부를 적립하는 것이 일반적이지요. 이것을 이익의 **내부유보**라고 합니다.

그렇다면 왜 이익의 일부를 적립하는 것일까요? 그 이유는 다음 회기 이후의 사업에 재투자하기 위해서입니다. 이 자금은 기업이 스스로 벌어들인 것이므로 누구에게도 갚을 의무가 없습니다. 따라서 이익의 내부유보는 상환의무가 없는 자금원으로서 자본에 포함됩니다. 구체적으로는 **이익잉여금**으로 계상됩니다.

재무상태표를 중심으로 현금이 순환하는 과정을 그리면 그림 2-14와 같습니다.

현금의 순환은 가장 오른쪽에 있는 주주와 채권자라는 두 자금 제공자로부터 시작됩니다. 이 둘에게서 조달한 자금으로 자산, 즉 사업 구조를 만듭니다. 그런 다음 이 구조를 움직여 법인세비용차감전순이익을 창출하는 것이지요. 여기서 세금을 제외한 당기순이익의 일부가 주주에게 환원되며 나머지는 회사에 유보되어 다시 사업에 재투자됩니다.

재무상태표를 중심으로 보면 현금은 오른쪽에서 들어와 왼쪽으로 빠져나갔다가 다시 오른쪽으로 돌아오는 순환을 반복합니다.

그림 2-14 기업의 활동과 현금의 순환

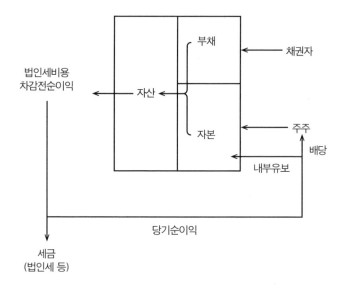

배당에는 상한선이 있다

앞서 당기순이익은 주주에게 배당금을 지급하는 데 사용된다고 설명했는데, 관점을 달리하면 '배당은 일정 범위 내에서만 지급할 수 있다'라는 뜻으로 해석할 수 있습니다. 배당은 무제한으로 할 수 있는 것이 아니며 상한선이 있습니다. 이 상한선을 **배당가능이익**이라고 합니다.

CHAPTER 2

배당에 배당가능이익이라는 상한선이 존재하는 이유는 채권자를 보호하기 위해서입니다. 배당은 주주에게 자금이 유출되는 것이기 때문에, 과도한 배당을 하면 다른 자금 제공자인 채권자에 대한 변제 능력이 저하될 수 있습니다. 게다가 주주는 자신이 출자한 금액에 대해서만 책임을 지므로, 기업의 소유자임에도 불구하고 채권자에 대한 변제 책임을 거의 지지 않습니다. 이런 주주에게 무제한으로 배당금을 지급하게 되면 채권자는 보호받지 못하게 됩니다. 그래서 배당에는 일정한 제한이 필요한 것입니다.

배당가능이익의 계산은 다소 복잡해서 자세한 설명은 생략하지만, 그 핵심은 당기순이익과 이익의 내부유보입니다. 즉, 회사가 스스로 벌어들인 범위 내에서만 배당할 수 있다는 것입니다.

생각해보면 이것은 당연한 일입니다. 만약 그 범위를 초과해 배당한다면 주주에게 받은 출자금을 배당에 사용하는 셈이 되지요. 마치 부모에게 생활비를 받던 학생이 취업 후에 용돈을 드리겠다고 하면서, 사실은 이전에 받았던 생활비를 돌려주는 것과 같습니다. 이것은 배당이라고 할 수 없습니다.

다만, 일본의 관련 현행법에 따르면 자본잉여금의 일부를 배당 재원으로 사용할 수 있습니다.[1] 자본잉여금은 주주가 출자한 금액의 일부입니다. 이것을 배당 재원에 포함하는 현행법의 규정은, 부모에게 받은 생활비를 돌려주면서 부모님께 용돈을 드린다고 하는

　　　　　　　　　　　　　　재무제표의 기본 구조

것처럼 논리에 어긋나는 일입니다.

이러한 규정이 있는 이유는 이익이 발생하지 않은 회사라도 배당할 수 있도록 하기 위함으로 보입니다. 제도는 때로 합리성을 무시한 채 순전히 정책적 이유만으로 제정되기도 하기 때문입니다. 다만 실제로 자본잉여금을 배당 재원으로 사용하는 경우는 거의 없습니다.

참고로 배당가능이익은 어디까지나 숫자상의 제한일 뿐입니다. 배당할 충분한 자금이 회사에 있는지와는 별개의 문제입니다. 배당가능이익 내에서 배당을 결정하더라도, 사내에 충분한 자금이 없는 경우도 종종 있습니다. 이런 때는 은행에서 자금을 빌려 배당하는 일도 드물지 않습니다.

---

1 우리나라 상법에서는 자본잉여금을 자본전입 및 결손금의 보전에만 사용할 수 있도록 제한하고 있다. 자본잉여금을 배당 재원으로 사용하기 위해 이익잉여금으로 전환하는 등의 예외적인 경우도 있다.

상장기업의 무배당은 수치인가?

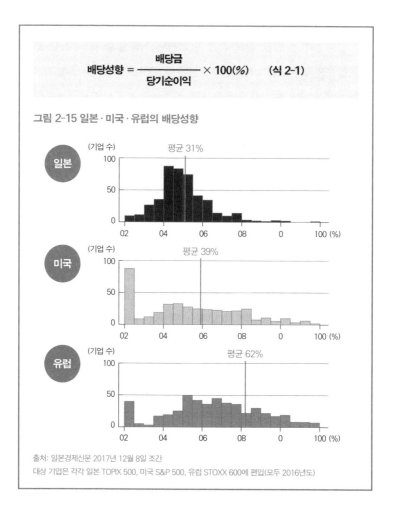

$$배당성향 = \frac{배당금}{당기순이익} \times 100(\%) \qquad (식\ 2\text{-}1)$$

그림 2-15 일본·미국·유럽의 배당성향

출처: 일본경제신문 2017년 12월 8일 조간

대상 기업은 각각 일본 TOPIX 500, 미국 S&P 500, 유럽 STOXX 600에 편입(모두 2016년도)

배당 수준을 측정하는 지표 중 하나로 **배당성향**이 있습니다. 이 지표는 당기순이익 중 얼마를 배당에 할당했는지를 나타냅니다. 배당성향이 100%라면 해당 기간의 당기순이익 전액을 배당한 것이고, 0%라면 무배당을 의미합니다.

그림 2-15는 일본, 미국, 유럽 기업의 배당성향을 보여줍니다. 이 도표를 보면 일본 기업의 배당성향 평균은 약 30%로, 미국이나 유럽 기업에 비해 낮다는 것을 알 수 있습니다. 이 사실만 놓고 보면 미국과 유럽 기업은 일본 기업보다 주주에게 더 적극적으로 이익을 배당한다고 할 수 있겠지만, 이것이 꼭 맞는 말은 아닙니다.

물론, 평균적으로 미국과 유럽 기업의 배당성향이 일본 기업보다 높은 것은 사실입니다. 하지만 그 외에도 중요한 차이가 있습니다. 그것은 미국과 유럽 기업의 배당성향 분산이 일본 기업보다 더 크다는 점입니다. 미국과 유럽 기업에 비해 일본 기업은 평균에 집중되어 있습니다.

여기서 알 수 있는 첫 번째 사실은 일본 기업의 **획일적인 행태**입니다. 일본 기업은 '배당성향 30%'라는 기준을 들으면, 모두가 그 수치를 기준으로 삼아 배당하는 경향이 있습니다. 반면에 미국과 유럽 기업은 각 기업이 독자적인 정책에 따라 배당성향을 결정하기 때문에 더 다양한 분포를 보입니다.

또한, 미국과 유럽에는 배당성향이 매우 낮은 기업도 많고, 그중에는 무배당 기업도 상당수 있습니다. 무배당 기업이 적지 않다는 점 역시 일본, 미국, 유럽 기업 간의 뚜렷한 차이입니다.

일본에서는 '상장기업의 무배당은 수치'라는 인식이 강합니다. 하지만 미국과 유럽에서는 그렇지 않습니다. 주주들의 압력이 일본보다 훨씬 세다고 알려진 미국과 유럽에서 무배당이 용인되는 이유는 무엇일까요? 그 이유는 주주에 대한 경제적 보상이 **인컴 게인**(income gain, 배당수익)과 **캐피털 게인**(capital gain, 주가 상승에 따른 수익)이라는 두 가지로 나뉘기 때문입니다.

예를 들어 소니 주식회사의 2022년 연간배당금은 주당 650원입니다. 1주당으로 따지면 적은 금액이라도 회사 전체로 보면 8,000억 원이 넘는 큰 금액입니다. 주주로서는 주당 650원의 배당이 크게 만족스럽지 않을 수도 있겠지만, 회사로서는 상당한 현금이 유출되는 것입니다.

이런 상황에서 주주들은 '적은 금액의 배당을 받기보다는 그 돈을 전부 내부유보로 돌려 회사를 더 성장시키고, 장래 주가 상승으로 보상해달라'고 생각할 수 있습니다. 이러한 의견은 특히 성장이 기대되는 기업일수록 많아집니다. 성장 가능성이 큰 기업일수록 주가 상승을 기대할 수 있기 때문입니다.

그 대표적인 예가 미국 실리콘밸리의 기업입니다. 예를 들어 **마이크로소프트는 1975년 창립 이후 한동안 배당을 하지 않았습니다. 애플 역시 배당에 매우 소극적이었습니다.**

'상장기업의 무배당은 수치'라는 생각은 일본 특유의 가치관인 듯합니다. 실리콘밸리에서는 오히려 그 반대 의견이 더 일반적입니다.

연결재무제표

자회사란 무엇인가?

모회사와 **자회사**[1]의 재무제표를 통합한 것을 **연결재무제표**라고 합니다. 그렇다면 자회사란 무엇일까요?

자회사를 '자사 발행주식의 50% 이상을 보유한 법인의 지배를 받는 기업'이라고 답하는 경우가 많은데, 이 답변에는 세 가지 오류가 있습니다.

첫 번째 오류는 다소 세부적인 부분이지만, '주식'이라고 표현한 점입니다. 과거에는 주식이라고 해도 괜찮았지만, 현재는 '의결권'

---

1 모회사와 자회사는 각각 지배 기업과 종속 기업이라고도 하며, 두 기업은 투자 기업과 피투자 기업의 관계이다.

이라고 해야 합니다. 의결권이란 주주총회에서의 투표권을 말합니다. 과거에는 주식 1주당 의결권 1개가 부여되는 것이 원칙이었지만, 현행 제도에서는 주식 1주당 부여되는 의결권의 수를 조정할 수 있습니다. 즉, 1주당 여러 개의 의결권을 부여할 수도 있고 아예 의결권이 없는 주식도 있습니다.[2]

이처럼 특정한 권리나 의무가 차별화된 주식을 종류주식이라고 하며, 1주당 부여되는 의결권의 수가 다른 주식을 **차등의결권주식**이라고 합니다. 1주당 부여되는 의결권의 수가 다른 경우, 주식 보유율이 반드시 의결권의 보유율을 뜻하지는 않습니다. 자회사인지 아닌지를 판단할 때는 의결권의 비율이 중요하기 때문에 주식이 아니라 의결권의 보유율을 따져 봐야 합니다. 제도적으로도 보통 의결권이라는 용어를 사용합니다.

다만, 차등의결권주식을 발행하는 기업은 매우 적기 때문에 주식 보유율을 기준으로 해도 실제로 큰 문제가 되지는 않습니다. 이것이 앞서 '다소 세부적'이라고 언급한 이유입니다.

의결권이 중요한 이유는 두 번째 오류와 관련이 있습니다. 두 번째 오류는 '50% 이상'이라는 부분입니다. 간혹 '51% 이상'이라고

---

2 대한민국 상법에 따르면 원칙적으로 1주당 1개의 의결권이 부여되며, 2023년 벤처기업법의 개정에 따라 비상장 벤처기업과 스타트업에 한해 1주당 여러 개의 의결권을 부여하는 차등의결권주식의 발행이 허용되었다.

도 하는데 이것 역시 잘못된 표현입니다. 50%를 초과하기만 하면 되므로, 50.1%만 되어도 자회사가 됩니다.

따라서 위의 정의를 정확히 표현하자면, '주식'을 '의결권'으로 수정해서 **'50%를 초과한 의결권을 가진'**이라고 해야 맞습니다.

어떤 기업이 타사 의결권을 50% 초과하여 보유하고 있다는 것은 주주총회에서 행사할 수 있는 투표권의 과반수를 보유하고 있다는 뜻입니다. **적어도 보통결의로 의결할 수 있는 주주총회의 안건을 단독으로 통과시킬 수 있다**는 것을 의미하지요. 보통결의로 결정할 수 있는 사항에는 여러 가지가 있습니다. 예를 들어, 대표이사의 선임이나 해임도 보통결의로 결정합니다.

따라서 의결권의 과반수를 보유한 기업은 그 기업에 대해 자유롭게 의사결정을 할 수 있게 됩니다. 이것이 모회사와 자회사의 관계입니다.

그러므로 '50% 이상'은 명백한 오류입니다. '50% 이상'이라는 표현은 50%를 포함하기 때문입니다. 정확히 50%의 의결권을 보유한 경우, 다른 주주들도 총 50%의 의결권을 보유하게 됩니다. 이때는 단독으로 주주총회의 안건을 결정할 수 없으므로 자유로운 의사결정은 불가능합니다.

세 번째 오류는 보유율만으로 설명한 점입니다. 물론 의결권의 보유율은 가장 기본적인 기준이지만, 사실 보유율만으로는 자회사인지 아닌지를 판정할 수 없습니다.

자회사의 정의는 한마디로, **'타사에 의사결정을 지배받고 있는 피지배 회사'**라고 할 수 있습니다. 여기서 중요한 키워드는 **'의사결정의 지배'**입니다. 50%를 초과하는 의결권, 즉 과반수를 보유하고 있으면 최고 의사결정기구를 지배하고 있는 것이므로 이 경우에는 무조건 자회사라고 할 수 있습니다.

그러나 의결권의 보유율이 50% 이하라도 사실상 의사결정을 지배하고 있다면 자회사가 될 수 있습니다. 대표적인 예로는 재적 이사의 과반수를 선임한 경우입니다. 주주총회라는 최고 의사결정기구를 완전히 지배하지 않더라도 이사의 과반수를 선임했다면 실질적인 의사결정기구인 이사회를 지배할 수 있습니다. 따라서 이러한 경우도 자회사가 됩니다.

정리하면 **자회사란 자사의 의사결정 권한을 모회사가 쥐고 있는 기업, 즉 모회사가 자유롭게 의사결정을 할 수 있는 기업**을 말합니다.

하나의 기업으로 보고 정보를 통합한다

모회사가 자회사를 원하는 대로 운영할 수 있다는 것은, 법적으로는 별개의 법인일지라도 경제적 실체로는 하나의 회사와 마찬가지라는 의미입니다. 예를 들어 동일한 목표를 같은 회사로서 달성할수도 있고, 자회사라는 별개의 회사로서 달성할 수도 있습니다. 이는 단지 조직적 실행 방식의 차이일 뿐, 달성되는 내용은 같습니다.

경제적 실체가 하나의 회사와 마찬가지라면, 재무정보 역시 하나로 통합되어야 합니다. 그래야 기업의 실체를 제대로 파악할 수 있으니까요. 이를 가능하게 하는 것이 바로 연결재무제표입니다. **연결재무제표는 모회사와 자회사를 하나의 기업으로 보고 재무정보를 통합한 것**입니다.

연결 기준으로 보지 않으면 실체를 파악하기 어려운 예로 기업의 정보시스템이 있습니다. 정보시스템을 운영하고자 할 때, 회사내에 정보시스템 부서를 두고 직접 운영할 수도 있고, 전문 자회사를 설립해 운영할 수도 있습니다. 전문 자회사를 설립한 경우, 연결기준으로 보지 않으면 모회사의 자산에는 고가의 하드웨어나 소프트웨어가 반영되지 않고, 손익계산서에도 관련 감가상각비나 운영비가 포함되지 않습니다. 그럼에도 고도의 정보시스템은 구축된상태입니다. 이렇게 되면 내부에 정보시스템 부서를 두고 운영하는 회사와 공정하게 비교할 수 없습니다.

또 모회사가 **순수지주회사**인 경우, 모회사 단독의 재무제표만으로는 거의 의미가 없습니다. 순수지주회사란 자체적으로 사업을 하지 않고 자회사들을 관리하는 역할만 하는 회사입니다. '○○ 홀딩스'라는 이름의 회사들이 대부분 순수지주회사에 해당합니다. 이들 회사의 재무상태표에 계상된 자산은 대부분 자회사의 주식이고, 손익계산서상의 수익은 대부분 자회사에서 받는 배당금입니다. 직접 사업을 하지 않기 때문에 기본적으로 매출액은 없고, 그 결과 이익이 마이너스인 경우가 많습니다.

이러한 경우에도 연결 기준으로 보지 않으면 의미가 없습니다. 순수지주회사인 모회사의 재무제표에는 사업의 실체가 전혀 반영되지 않기 때문입니다.

연결하면 분식회계를 막을 수 있다

과거 일본에는 의결권의 비율만 가지고 자회사를 판단하던 시기가 있었습니다. 당시에는 의결권의 보유율이 50%를 초과하면 자회사로 간주했고, 그렇지 않으면 자회사로 보지 않았습니다.

그 당시에 있었던 일입니다. 한 제조업체가 판매 부문을 별개의 회사로 분리했는데, 사실상 따로 법인화한 것일 뿐 판매회사는 본사와 같은 부지 내에서 운영되고 있었습니다. 본사는 제조만 담당하고 완성된 제품은 판매회사의 창고로 입고되었으며, 제조업체는 입고한 시점에 매출을 계상했습니다. 이 제조업체는 이러한 매출 계상 방식을 '처마 밑 기준'이라고 불렀습니다. 창고의 처마 밑을 통과하면 매출로 기록한다는 의미였지요. 제가 이런 매출 기준을 접한 것은 그때가 처음이었습니다.

한편 판매회사의 실적은 좋지 않아 재고가 쌓이게 되었고, 판매가 부진해 큰 적자를 기록했습니다. 그런데 이 판매회사는 연결 대상이 아니었습니다. 제조업체가 보유한 의결권 비율이 정확히 50%였기 때문입니다. 당시의 기준에 따르면 50%는 자회사로 간주하지 않았으므로 연결재무제표에 포함되지 않은 것입니다. 제조업체는 제품이 팔리든 말든 계속 생산해 처마 밑을 통과시키기만 하면 매출을 기록했고, 흑자를 유지할 수 있었습니다. 그러나 재무정보를 연결하지 않았기 때문에 판매회사의 적자는 감춰졌습니다.

이것은 **의도적인 연결 제외를 통한 손실 은폐**로 전형적인 **분식회계**입니다. 이 사례뿐만 아니라, 당시에는 50% 또는 49%의 지분 보유율을 가진 회사들이 많이 있었습니다. 모든 회사가 이와 같은 방식으로 손실을 감추지는 않았겠지만, 이익이 나지 않는 회사를 연결 대상에서 제외하려는 목적은 같았습니다.

이러한 사례가 계속해서 발생했기 때문에, 자회사를 판단하는 방식이 의결권 비율이라는 형식적 기준에서 지배 여부를 실질적으로 판단하는 실질 기준으로 바뀌게 되었습니다. 실질 기준이 적용

되면 위 제조업체의 판매회사는 연결 대상이 되므로, 손실을 감출
수 없게 됩니다. 연결재무제표는 경제적 실체를 명확히 보여주기
때문에 분식회계를 방지하는 효과도 있는 것입니다.

연결재무제표 작성 방법

앞서 연결재무제표는 '모회사와 자회사를 하나의 기업으로 보고
재무제표를 통합한 것'이라고 설명했습니다. 구체적으로는 **재무상
태표나 손익계산서 등 모든 재무제표를 합산한 후, 내부거래를 상
계해 작성합니다**(그림 2-16).

　모든 항목을 합산하므로 모회사의 재무제표는 자회사의 몫만큼
증가합니다. 이렇게 해서 두 회사의 재무정보가 하나로 합쳐지게
됩니다. 합산 후에는 내부거래를 상계합니다. 내부거래란 모회사와
자회사 간에 이루어진 거래를 말합니다.

　부모가 자녀에게 용돈으로 10만 원을 주었다고 생각해봅시다. 이
때 부모의 지갑에서는 10만 원이 줄어들고, 자녀의 지갑에는 10만
원이 늘어납니다. 연결재무제표의 개념은 '가족 전체의 정보를 하
나로 통합하라'는 것입니다. 가족 단위로 보면 부모와 자녀 간에
10만 원을 주고받은 것은 단순히 돈의 보관 장소가 바뀐 것에 불과

그림 2-16 연결재무제표 작성 절차

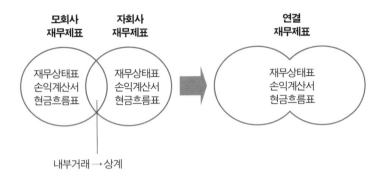

합니다. 즉, 돈의 총량에는 변화가 없습니다. 따라서 10만 원을 주고받은 것은 없었던 일로 처리해야 합니다.

이것이 내부거래를 상계하는 작업입니다. 내부거래는 상계되기 때문에, 모회사와 자회사 간의 거래가 아무리 활발하게 이루어지더라도 결국 연결재무제표에서는 모두 제거됩니다. 가끔 모회사와 자회사 간의 거래 가격을 두고 분쟁이 발생하는 경우가 있습니다. 하지만 연결재무제표 기준으로 보면 어차피 제거되기 때문에, 거래 가격에 지나치게 집착하는 것은 큰 의미가 없습니다. 물론 급여나 세금은 개별 회사 단위로 지급하기 때문에 각각의 매출이나 비용이 전혀 무의미한 것은 아니지만, 적어도 주식시장에서는 단순한 내부 갈등에 불과하지요.

앞서 설명한 처마 밑 기준에 따른 매매도 내부거래에 해당합니

다. 이 또한 모두 없었던 일로 처리되므로 모회사의 이익을 부풀릴
수 없습니다.

관계회사란 어떤 '관련이 있는 회사'가 아니다

연결재무제표에는 관계회사의 재무정보도 포함됩니다. 그렇다면
관계회사란 무엇일까요? 이름만 들으면 막연히 어떤 '관련이 있는
회사'라고 생각할지도 모릅니다.

　관계회사란 **'한 회사가 다른 회사의 의사결정에 중대한 영향을
미칠 때, 영향을 받는 쪽의 회사'**를 말합니다. 자회사처럼 지배하
는 것은 아니므로 마음대로 운영할 수는 없지만, 상당한 영향을 미
칠 수 있다는 뜻입니다.

　구체적인 판단 기준은 역시 의결권의 보유율입니다. 의결권의
보유율이 20% 이상일 때는 무조건 관계회사가 됩니다. 다만, 의결
권 비율이 50%를 초과하면 자회사로 취급하기 때문에 50% 이하
까지만 해당합니다.

　이 20%라는 비율에 특별한 제도적 의미가 있는 것은 아니지만,
한 회사가 이 정도의 지분율을 보유하고 있다면 상당한 영향력을
행사할 수 있다고 판단하는 것입니다. 상장기업이라면 1%대의 지

분율만 가지고도 대주주의 반열에 들 수 있을 정도로 주식이 분산되어 있습니다. 이 사실을 고려하면 20%의 지분율이 얼마나 큰 영향력을 행사할 수 있는지 이해할 수 있을 것입니다.

관계회사 여부를 판단할 때도 실질적 지배력을 고려하는 실질기준을 적용합니다. 따라서 의결권의 비율이 20% 미만이라도, 예를 들어 **대표이사를 선임한 경우라면 그 회사는 관계회사로 볼 수 있습니다.** 이사회의 의사결정은 다수결로 이루어지기 때문에, 대표이사 한 명을 선임한다고 해서 회사 전체를 좌지우지할 수 있는 것은 아닙니다. 하지만 대표이사로서 중대한 영향을 미칠 수 있음은 분명합니다.

관계회사에는 지분법을 적용한다

관계회사의 재무정보를 반영할 때는 **지분법**이라는 방법을 사용합니다. 실무에서는 관계회사에 대해서도 '연결'이라는 말을 쓰기도 하지만, 이것은 엄밀히 따지면 잘못된 표현입니다. '연결'은 모회사와 자회사의 재무제표를 통합하는 절차를 의미하기 때문입니다.

지분법은 연결회계와 달리 **재무제표를 합산하지 않습니다.** 관계회사는 지분을 가진 회사와 지배 관계에 있지 않으므로, 두 기업의 재무정보를 하나로 묶을 수 없기 때문입니다.

　그럼 어떤 식으로 처리하느냐 하면, 지분을 보유한 회사가 관계
회사의 실적을 자신의 지분 비율에 해당하는 만큼 재무제표에 반
영합니다. 구체적으로는 관계회사의 이익 중 자신이 보유한 지분
비율만큼의 금액을 손익계산서에 계상하고, 같은 금액을 보유 중
인 관계회사주식의 가치에 가감하는 것입니다.

　이 방법은 관계회사의 손익을 재무제표상에 '지분법적용투자주
식'이라는 하나의 과목으로 집약해 반영하기 때문에 '한 줄 연결
(one-line consolidation)'이라고도 부릅니다. 또한, 관계회사의 손익
에 따라 관계회사주식의 가치를 평가하는 방식이므로 관계회사주
식에 대한 일종의 시가평가로 볼 수도 있습니다.

일본의 관계회사와 한국의 관계회사는 다르다

일본에서는 한국의 '관계회사'에 해당하는 용어로 '관련회사'를 사
용합니다. 일본에서 '관계회사'는 자회사와 관련회사(한국의 관계회
사)를 통칭하는 말로 쓰입니다.

　그림 2-5 주식회사 노지마의 재무상태표를 보면 자산 항목 중
'투자자산 및 기타비유동자산'의 두 번째 줄에 '관계회사주식'이라

는 과목이 있습니다. 이것은 자회사의 주식과 관련회사 주식의 총액을 의미합니다. 내부에서 회계 처리를 할 때는 자회사주식이나 관련회사주식이라는 과목을 임의로 사용할 수 있지만, 외부에 공시되는 재무상태표에서는 이러한 개별 과목을 사용하지 않고, '관계회사주식'이라는 과목으로 통합하는 것이 일반적입니다.

앞서 일본에서 관계회사는 자회사와 관련회사를 아우르는 용어라고 설명했는데, 그림 2-17에서 보듯이 관계회사는 의결권을 보유한 회사 간의 관계를 뜻합니다. 관계도에서 보듯 모회사와 투자회사의 관점에서 자회사와 관련회사는 관계회사이고, 자회사의 입장에서도 모회사는 관계회사에 해당합니다. 즉, 관계회사는 '그룹사'나 '계열사'와 비슷한 개념이라고 할 수 있습니다. 다만 직접적

그림 2-17 일본의 관계회사

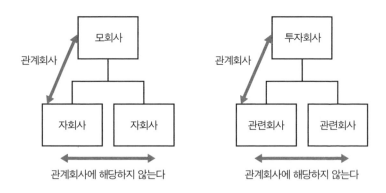

CHAPTER 2

인 의결권 보유 관계가 있는 경우에만 관계회사라고 하기 때문에 **자회사 간 또는 관련회사 간은 관계회사에 해당하지 않습니다.** 이와 달리 '계열사'라는 용어는 일반적으로 자회사 간 또는 관련회사 간의 관계를 나타낼 때도 사용합니다.

참고로 그림 2-17을 보면 관련회사의 지분을 가진 회사를 투자회사라 하고 있습니다. '모회사'라는 말은 자회사에 대응하는 것이므로, 관련회사를 언급할 때는 사용하지 않습니다. 따라서 '관련회사에 투자한 회사'라는 의미로 '투자회사'라고 합니다. 다만 실무에서는 관련회사에 대해서도 '모회사'라는 표현을 쓰는 경우가 종종 있습니다.

비지배주주

그림 2-18(a), (b)는 주식회사 노지마의 연결재무상태표와 연결손익계산서입니다. 연결재무제표라고 해서 기본적인 구조가 크게 달라지지는 않지만, '비지배주주'에 관한 과목이 있다는 점이 특징적입니다. 연결재무상태표의 자본에는 '비지배주주지분'(그림 2-18(a)의 굵은 글씨)이 있고, 연결손익계산서의 하단에서 두 번째 줄에는 '비지배주주순이익'(그림 2-18(b)의 굵은 글씨)이 있습니다.

그림 2-18 주식회사 노지마의 재무제표(2022년 3월기)

(a) 연결재무상태표

자산	(단위: 천만 원)	부채	(단위: 천만 원)
유동자산		**유동부채**	
현금 및 현금성자산	31,007	외상매입금 및 지급어음	57,151
매출채	69,063	단기차입금	1,616
단기투자자산	19,997	미지급금	11,714
상품 및 제품	50,735	미지급법인세	7,669
기타	14,101	포인트충당부채	739
대손충당금	△940	기타	48,082
유동자산 합계	183,963	유동부채 합계	126,971
비유동자산		**비유동부채**	
유형자산		장기차입금	9,074
건물 및 구축물	21,034	임원퇴직위로금충당부채	186
기계장치 및 운반구	487	퇴직급여충당부채	8,982
공구기구 및 비품	2,804	기타	41,637
토지	13,059	비유동부채 합계	59,879
기타	16,878	부채 총계	186,851
유형자산 합계	54,262	**자본**	
무형자산		주주자본	
영업권	19,263	자본금	6,330
소프트웨어	1,995	자본잉여금	7,510
기타	38,972	이익잉여금	125,543
무형자산 합계	60,230	자기주식	△5,221
투자자산 및 기타비유동자산		주주자본 합계	134,163
장기투자증권	2,419	기타포괄손익누계액	
보증금	14,702	매도가능증권평가손익	285
기타	11,375	이연대출부대손익	30
투자자산 및 기타비유동자산 합계	28,496	외화환산이익	1,155
비유동자산 합계	142,988	퇴직급여에 따른 조정누계액	432
자산 총계	326,952	기타포괄손익누계액 합계	1,903
		주식매수선택권	2,557
		비지배주주지분	1,476
		자본 총계	140,101
		부채 및 자본 총계	326,952

(단위: 천만 원)

매출액	564,989
매출원가	398,344
매출총이익	166,644
판매비와 관리비	
광고선전비	21,620
급여 및 수당	41,254
임차료	17,914
감가상각비	12,651
영업권상각	2,781
기타	37,258
판매비와 관리비 합계	133,478
영업이익	33,166
영업외수익	
이자수익	37
지분법이익	111
기타	3,922
영업외수익 합계	4,070
영업외비용	
이자비용	602
기타	744
영업외비용 합계	1,346
경상이익	35,890
특별이익	
관계회사주식처분이익	6,526
유형자산처분이익	36
기타	358
특별이익 합계	6,920
특별손실	
투자자산처분손실	2,791
유형자산처분손실	851
기타	463
특별손실 합계	4,105
법인세비용차감전순이익	38,705
법인세 등	12,762
당기순이익	25,942
비지배주주순이익	80
지배주주순이익	25,862

비지배주주는 모회사 이외에 자회사의 지분을 가진 주주를 말합니다(114쪽 그림 2-19 참조). 모회사는 자회사의 의사결정을 지배합니다. 반면에 다른 주주들은 자회사의 경영을 지배하지 않기 때문에 '비지배주주'라고 부르는 것입니다.

과거에는 비지배주주를 **소수주주**라고 불렀습니다. 당시에는 의결권의 비율만으로 자회사인가 아닌가를 판단했기 때문입니다. 다른 주주들이 연합해도 의결권의 과반수를 가진 모회사를 이길 수는 없으니까요.

그러나 앞서 설명했듯이, 현재는 자회사 여부를 의결권의 비율로만 판단하지 않

그림 2-19 비지배주주

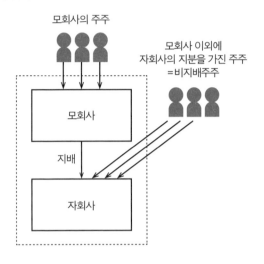

습니다. 예를 들면 모회사가 45%, 나머지 주주들이 55%의 지분을
보유하는 상황도 발생합니다. 이런 상황에서 '소수'라는 명칭은 적
절하지 않기 때문에 '비지배'라는 용어로 바뀐 것입니다.

그림 2-18(a)의 연결재무상태표에 계상된 '비지배주주지분'은
자본 중 비지배주주에게 귀속되는 부분을 의미합니다. 이에 대응
하는 항목은 자본 항목의 첫 번째 줄에 있는 '주주자본'으로, 여기
서 말하는 '주주'는 '모회사의 주주'를 가리킵니다. 단순히 '주주'라
고만 적혀 있으면 정확히 어떤 의미인지 알아채기 어려울 수 있습
니다.

그림 2-5의 개별재무상태표에도 주주자본이 있지만, 개별재무제표에서 주주자본이라는 항목은 큰 의미가 없습니다. 주주자본에 대응하는 항목인 비지배주주는 연결재무제표에만 존재하는 개념이고, 개별재무제표에는 등장하지 않기 때문입니다.

그림 2-18(b)의 연결손익계산서에 있는 '비지배주주순이익'은 자회사의 순이익 중 비지배주주의 지분 비율에 해당하는 금액입니다. 이 부분이 비지배주주에게 귀속되는 이유는 그 금액에 대해 비지배주주가 배당금을 받을 권리가 있기 때문입니다.

모회사는 자회사를 지배하지만, 비지배주주 역시 의결권의 비율에 따라 재산에 대한 소유권 또는 청구권을 갖습니다. 그러므로 연결재무상태표와 연결손익계산서 모두에 비지배주주의 지분을 명확히 표시하는 것입니다.

포괄손익

연결재무제표에는 그림 2-20과 같이 **연결포괄손익계산서**가 추가됩니다. 이 표가 당기순이익에서 시작하는 것에서 알 수 있듯이 연결손익계산서에 이어지는 내용입니다. 그림과 같이 연결손익계산서와 연결포괄손익계산서를 별도의 표로 작성하기도 하지만, 구조

**그림 2-20 주식회사 노지마의 연결포괄
손익계산서(2022년 3월기)**

(단위: 천만 원)

당기순이익	25,942
기타포괄손익	
매도가능증권평가손익	△35
이연대출부대손익	△28
외화환산이익	1,080
퇴직급여에 따른 조정액	372
지분법자본변동	△255
기타포괄손익 합계	1,132
포괄손익	27,075
지배기업 소유주지분	26,995
비지배지분	80

적으로는 그림 2-21과 같이 구성됩니다.

당기순이익과 포괄손익의 차를 '**기타포괄손익**(Other Comprehensive Income, OCI)'이라고 합니다. 이는 포괄손익 중 당기순이익에 포함되지 않은 기타 항목을 의미합니다. 이것을 식으로 나타내면 다음과 같습니다.

당기순이익 + 기타포괄손익 = 포괄손익

때로는 포괄손익계산서가 연결재무제표 고유의 이익이라고 생각하거나, 포괄손익이 그룹 전체의 손익을 포함한 것이라고 오해하는 경우가 있습니다. 그러나 포괄손익은 그러한 의미가 아니며, 연결재무제표에만 국한된 개념도 아닙니다. 개별재무제표에도 포괄손익이 존재할 수 있지만, 일본 제도상 연결재무제표에서만 작성 의무가 있을 뿐입니다.[3]

---

3 한국채택국제회계기준(K-IFRS)은 손익계산서 대신 포괄손익계산서를 주된 재무제표로 지정하고 있다.

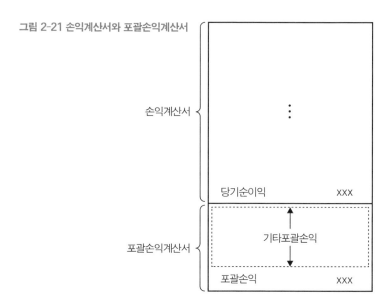

그림 2-21 손익계산서와 포괄손익계산서

손익계산서

당기순이익　　　　　XXX

포괄손익계산서

기타포괄손익

포괄손익　　　　　　XXX

포괄손익은 자본의 모든 변동을 포함한 이익입니다. 여기서 '포괄'이란 자본의 모든 변동을 의미하되, 자본거래에 의한 변동은 제외합니다. 자본거래란 증자나 배당처럼 주주와의 직접적인 거래로 인해 자본이 변동하는 거래를 말합니다.

이렇게 설명해도 당기순이익과 포괄손익의 차이가 와닿지 않을 수 있습니다. 당기순이익은 원칙적으로 자본거래를 제외한 자본의 변동을 의미하기 때문에 포괄손익과 같다고 볼 수 있지만, 제도상 자본거래를 제외한 자본 변동이 모두 당기순이익에 포함되지는 않습니다. 이 개념을 이해하기 위해서는 당기순이익의 의미를 먼저

　　　　　　　　　　　　　　　　재무제표의 기본 구조

알아야 합니다.

대부분 당기순이익이 증가하면 기뻐하지만, 이익이 늘어나는 것이 좋은 것만은 아닙니다. **당기순이익은 회사의 현금이 유출되는 원인**입니다. 당기순이익은 주주에게 배당으로서 지급되기 때문입니다.

따라서 당기순이익에는 현금유입이 확실히 예상되는 것만 포함하려고 합니다. 반면에 자본을 증가시킨 항목 중에는 현금유입이 확실하지 않은 것도 있습니다. 대표적인 예가 보유 주식의 평가이익입니다. 당장 매각할 계획이 없는 주식이라도 시가평가를 받으면 평가이익이 발생해 자산과 자본이 증가할 수 있습니다. 그러나 이런 경우, 현금유입은 당장 기대할 수 없으므로 제도상 당기순이익에는 포함되지 않습니다.

이처럼 자본의 변동과 당기순이익이 늘 일치하는 것은 아니며, 이를 해결하기 위해 포괄손익이라는 개념이 도입되었습니다. 포괄손익을 '자본거래를 제외한 자본 변동을 모두 포함한 이익'으로 정의하면 '자본의 증가분이 곧 이익'이라는 원칙에 부합하는 형태가 되며, 이를 통해 재무상태표와 손익계산서 간의 형식적 일관성을 유지할 수 있습니다. 포괄손익은 재무제표의 형식적 완성도를 높이기 위해 도입된 개념이라고 할 수 있습니다.

현금 유출입이 당장 예상되지 않는 보유 주식의 평가이익과 같은 자본 변동은 '기타포괄손익'으로 계상됩니다. 기타포괄손익은 포괄손익을 계산하기 위한 조정 항목일 뿐 특별한 의미는 없습니다. 다만 장기적으로는 실제로 매매가 이루어져 현금 유출입이 발생하고, 당기순이익에 영향을 미칠 가능성이 있습니다. 따라서 기타포괄손익에 구태여 의미를 부여하자면, 당기순이익에 대한 장기적인 위험인자라고 볼 수 있습니다.

재무제표의 기본 구조

구글의 '의결권 비율'

2006년, 회사법이 시행되면서 일본에서도 권리 내용이 다른 여러 유형의 주식을 동시에 발행할 수 있게 되었습니다. 이러한 주식을 **종류주식**이라고 하며, 그중 하나가 본문에서도 언급했던 **차등의결권주식**입니다. 종류주식에는 그 외에도 배당에서 우선권을 갖는 **우선주**, 주식 양도 시 회사의 승인이 필요한 양도제한조건부주식 등이 있습니다.

종류주식 제도는 원래 미국에서 도입된 것으로, 차등의결권주식 역시 미국에서 오랫동안 사용되었습니다. 대표적으로 **구글**과 **페이스북**(현재의 **알파벳**과 **메타**)이 이 방식을 사용해 상장한 사례가 있습니다.

구글은 2004년 상장 당시, 1주당 1개의 의결권을 가진 주식과 1주당 10개의 의결권을 가진 두 종류의 주식을 발행했습니다. 그리고 창업자인 래리 페이지와 세르게이 브린이 1주당 10개의 의결권이 부여된 주식을 일정량 보유함으로써, 상장 후에도 두 창업자가 중요한 의사결정권을 유지할 수 있도록 했습니다. 2021년 12월 31일 기준으로 두 창업자는 여전히 51.4%의 의결권을 보유하고 있습니다.

종류주식 제도가 없던 시절, 상장은 '내 회사가 타인의 회사가 되는 것'을 의미했습니다. 주식을 불특정 다수가 소유하는 순간, 창업자라도 독자적으로 의사결정을 할 수 없게 되기 때문입니다. 심지어 창업자가 주주총회에서 해임될 가능성도 있었습니다.

구글은 종류주식을 통해 기존 상장의 개념을 뒤집었습니다. 상장 당시, 래리 페이지는 서류에 '창업자의 편지'를 첨부했습니다. 이 편지에는 "구글은 전통적인 회사가 아니며, 그렇게 될 생각도 없다" "투자자보다 사용자 중심의 자세를 유지할 것" "배당금을 지급할 생각이 없으며, 분기별 실적 예측을 제공하는 관행도 따르지 않을 것"이라고 명시했습니다. 또한, "회사의 의사결정과 미래에 대한 지배력은 앞으로 더 중요해질 것이다. 주주가 바뀌더라도 지배력은 우리 경영진, 특히 세르게이와 내 손에 남게 될 것"이라고 덧붙였습니다.

당시 이 창업자의 편지는 큰 논란을 일으켰습니다. 편지의 내용이 회사의 주인은 주주이며, 주주가 의사결정의 정점에 있다는 기존의 사고방식과 정면으로 대립하는 것이었기 때문입니다. 찬반이 엇갈렸지만, 구글이 달성한 실적을 보면 창업자의 편지는 틀리지 않았다고 볼 수 있습니다.

한편 일본에서 차등의결권주식을 사용해 상장한 첫 번째 회사는 2014년 당시 도쿄 증권거래소의 신흥기업 시장 마더스에 상장한 **사이버다인**(CYBERDYNE)입니다. 그러나 그 이후로는 차등의결권주식을 통해 상장한 회사가 없습니다. 차등의결권주식은 법적으로 허용되지만, 도쿄 증권거래소는 이를 예외적으로만 허용하고 있기 때문입니다. 도쿄 증권거래소는 차등의결권주식을 통한 상장은 기업 거버넌스에 왜곡을 초래할 가능성이 높아 바람직하지 않다는 의견을 고수하고 있는 것으로 보입니다.

재무제표의 기본 구조

재무제표의 기본 구조

✓ 결산서는 **재무제표** 혹은 **계산서류**라고도 한다. 재무제표의 중심이 되는 표는 자산의 잔액을 나타내는 **재무상태표**, 자산의 증감 과정을 나타내는 **손익계산서**, 현금의 증감 과정을 나타내는 **현금흐름표**이다.

✓ 재무상태표는 **밸런스 시트**(Balance Sheet, B/S)라고도 하며, 좌우가 짝을 이루는 형태로 구성된다. 오른쪽(대변)은 **자금조달의 원천**을 나타 내며, 왼쪽(차변)은 조달한 **자금의 운용 방법**을 나타낸다.

✓ 재무상태표 왼쪽의 **자산**은 미래에 기업의 경제적 가치를 증가시킬 가능성이 있는 요소이며, 오른쪽의 **부채**는 미래에 기업의 경제적 가치를 감소시킬 가능성이 있는 요소를 말한다. 자산에서 부채를 뺀 순자산을 **자본**이라고 한다.

✓ 재무상태표의 좌우 항목은 모두 위에서 아래로 **유동성(현금화 가능성)**의 순서에 따라 배치된다. 1년 이내에 현금으로 전환되거나 현금 유출입이 발생하는 것을 유동, 1년을 초과해 현금 유출입이 발생하는 것을 **비유동**이라고 한다.

✓ 손익계산서는 **P/L**(Profit and Loss Statement) 또는 **I/S**(Income Statement)로도 표기하며, 일정 기간 회사의 자산을 증가시킨 요인에서 감소시킨 요인을

차감해 **이익**을 계산한다. 이익은 단계적으로 계산되며, 매출액에서 매출원가를 뺀 매출총이익(마진), 매출총이익에서 **판매비와 관리비**(판관비)를 뺀 **영업이익**(본업에서 벌어들인 이익), 영업이익에서 본업 이외에 꾸준히 발생하는 **영업외수익**과 **영업외비용**을 가감한 **경상이익**, 경상이익에서 드물게 발생하는 **특별이익**과 **특별손실**을 가감한 **법인세비용차감전순이익**, 마지막으로 **법인세 등**을 뺀 **당기순이익**의 순서로 구분된다.

✓ **자회사**란 타사에 **의사결정을 지배**받고 있는 피지배 회사를 말한다. 보통 모회사가 해당 기업 **의결권의** 50%를 초과해 보유한 경우를 말하지만, 의결권의 보유율이 50% 이하라도 실질적으로 모회사가 의사결정을 지배하고 있다면 자회사에 해당한다. 자회사와 모회사를 한 회사로 보고 정보를 통합한 재무제표를 **연결재무제표**라고 한다.

재무제표의 기본 구조

회계의
기본 원칙

ACCOUNTING

왜 원칙이
중요한가?

회계 제도의 구조는 매우 세부적이고 방대합니다. 회계뿐만 아니라 법률이나 제도라 불리는 것들은 원래 그렇지요. 이처럼 복잡한 제도를 이해하려고 할 때 가장 피해야 할 것은 전체를 보지 않고 세부 내용에만 집중하는 것입니다. 큰 틀을 파악하지 않으면 규칙을 기계적으로 암기하는 식으로 접근하게 됩니다. 하지만 회계 제도는 범위가 넓어서 시간이 아무리 많아도 다 외우기에는 부족합니다. 특히 바쁜 사회인에게는 사실상 불가능한 일입니다.

대상이 복잡하고 방대한 내용일수록 나무를 보기 전에 숲을 보아야 합니다. 전체적인 개념을 잡지 않고 세부적인 내용에 접근하는 것은 지도 없이 무작정 큰 숲에 들어가 나무를 보는 것과 같습니다. 심지어 나무는커녕 다짜고짜 잎사귀를 들여다보려는 사람도

회계의 기본 원칙

있겠지요. 이런 식으로 접근하면 길을 잃기 쉽고 흥미도 금세 식어 버립니다.

전체상을 파악하면 변화에도 쉽게 대응할 수 있습니다. 회계 제도는 꾸준히 개정되고 있고 때로는 대폭 수정되기도 하는데, 그럴 때마다 우왕좌왕하는 사람이 많습니다. 그 이유는 보통 표면적인 변화에만 집중하기 때문입니다. 언뜻 크게 바뀐 것처럼 보여도 근본적인 부분은 이어져 있고, 변화의 이유는 생각보다 단순한 경우가 많습니다. 기본적인 원칙을 이해하고 있으면 변화에도 쉽게 대처할 수 있습니다.

애초에 회계 전문가가 아닌 이상, 세부 규정까지 모두 알 필요는 없습니다. 중요한 것은 회계라는 규칙이 어떤 개념을 바탕으로 이루어졌는가를 이해하는 것입니다. 그러면 개별적인 논점도 자연스럽게 이해할 수 있게 됩니다.

이러한 근본적인 부분이 바로 3장에서 설명할 회계의 원칙입니다. 원칙이기 때문에 숫자는 많지 않습니다. 여기에서는 일반 원칙 4개, 손익계산서에 관한 원칙 3개, 재무상태표에 관한 원칙 1개, 총 8개의 원칙을 소개합니다.

일반 원칙

여기서는 여러 일반 원칙 중에서 꼭 알아야 할 네 가지를 소개하겠습니다.

- 계속성의 원칙
- 잉여금 구분의 원칙
- 보수주의 원칙
- 중요성의 원칙

계속성의 원칙

계속성의 원칙이란 **'회계 처리의 기준 및 절차는 매 회계연도에 걸쳐 일관되게 적용하며, 정당한 사유가 없는 한 임의로 변경해서는 안 된다'**라는 원칙입니다.

회계는 흔히 '사실과 관습과 판단의 종합적 표현'으로 불립니다. 회계의 규칙은 사실과 관습을 종합해 판단한 결과이므로, 항상 유일하고 절대적인 방식이 존재하는 것은 아닙니다. 다소 의외일 수 있지만, 하나의 거래 사실에 대해 여러 가지 처리 방법이 허용되기도 합니다. 즉, 기업에는 선택의 자유가 있는 것이지요. 선택권이 주어지면 도리어 고민에 빠질 수도 있지만, 합법적이고 합리적인 방법이라면 무엇을 선택해도 큰 문제가 되지 않습니다.

그보다 **중요한 점은 어떤 방법을 선택하는가가 아니라 한번 선택한 방법을 계속 유지하는 것**입니다. 처리 방식이 바뀌면 기간별로 비교하기 어려워지고, 실적이 좋아졌는지 나빠졌는지를 쉽게 판단할 수 없습니다. 또한, 처리 방식을 임의로 바꿀 수 있게 되면 기업이 그때그때 유리한 방식을 선택해 이익을 조작할 가능성이 생깁니다. 계속성의 원칙은 적정한 회계 처리를 유지하기 위한 매우 중요한 원칙입니다.

한편 계속성의 원칙에는 '정당한 사유가 있는 경우 변경이 가능하다'라는 예외가 있습니다. 예를 들자면 간편한 방법에서 더 엄밀한 방법으로 바꾸거나, 더 합리적인 방법으로 변경하는 경우가 정당한 사유에 해당합니다. 그러나 이러한 경우라도 변경 사실은 반드시 공개해야 하며, 감사보고서에도 변경 사실이 기록됩니다. 또한, 각 기간의 비교성을 보증하기 위해 현 제도에서는 가능한 한 과거의 재무제표도 새로운 방법에 맞게 수정할 것을 요구하고 있습니다.

잉여금 구분의 원칙

잉여금 구분의 원칙이란 **'자본거래와 손익거래를 명확히 구분하고, 특히 자본잉여금과 이익잉여금을 혼동하지 않아야 한다'**라는 원칙입니다.

자본거래는 주주와의 직접적인 거래로 자본이 변동하는 것을 의미하며 증자, 배당, 자사주 매입 등이 대표적인 사례입니다. 손익거래는 자본거래를 제외한 것으로 일상적인 업무에서 발생하는 모든 거래라고 이해하면 됩니다.

이 원칙에서 중요한 핵심은 '자본잉여금과 이익잉여금을 혼동하지 않는 것'입니다.

회계의 기본 원칙

자본잉여금은 '**자본금에 포함되지 않은 나머지 부분**'이며, 자본금과 자본잉여금을 합한 금액이 주주가 출자한 총액을 나타냅니다. 반면에 이익잉여금은 '**당기순이익 중 배당되지 않은 나머지 부분**'이며, 주주의 출자금을 바탕으로 기업이 스스로 증가시킨 자본을 뜻합니다. 그러므로 이익잉여금은 곧 기업의 경영 성과를 나타냅니다. 이 둘을 혼동하게 되면 기업의 경영 성과를 정확히 파악하기 어려우므로, 자본잉여금과 이익잉여금을 명확히 구분하는 것이 중요합니다.

또한, 자본잉여금과 이익잉여금의 구분은 채권자 보호 측면에서도 중요합니다. 주주는 회사의 소유자인 동시에 유한책임만 부담하기 때문에 채권자에 대한 책임이 제한적입니다. 따라서 채권자가 보호받을 수 있는 유일한 담보는 회사의 자산입니다. 이러한 이유로 자사주 매입은 원칙적으로 금지되며, 배당도 이익잉여금 내에서만 이루어지도록 제도가 마련되었습니다.

하지만 시대의 변화와 함께 원칙적으로 금지되던 자사주 매입이 유연하게 허용되었고, 2장 2-4에서 언급한 바와 같이 자본잉여금을 배당 재원으로 사용할 수 있게 되었습니다. 그러나 자본잉여금을 통한 배당은 주주에게 자금을 환급하는 것과 같으므로, 본래의 의미에서는 배당이 아닙니다. 자본잉여금을 배당 재원으로 사용하는 것이 허용된 이유는, 이익이 없는 회사도 배당할 수 있게 하려는 정책적 목적이 있었기 때문입니다.

주주환원 방식의 다양화와 주주의 이익증대를 위한 취지에서 제도 개정이 이루어졌지만, 이 제도는 잉여금 구분의 원칙에서 벗어난 부분이 있습니다. 제도는 인간이 만든 규칙이므로 이론적 원칙과 정책적 판단을 놓고 비교했을 때 정책적 판단이 우세할 수 있습니다. 그러나 원칙을 벗어난 제도에는 다양한 위험이 따를 수 있다는 점을 잊지 말아야 합니다.

보수주의 원칙

보수주의 원칙이란 '**기업의 재정에 불리한 영향을 미칠 가능성이 있을 때, 이에 대비해서 신중하고 건전한 회계 처리를 해야 한다**'라는 원칙입니다.

여기서 신중하고 건전한 회계 처리란, 손익계산서의 경우 수익 계상은 최대한 천천히, 금액은 적게 기록하며 비용 계상은 최대한 빨리, 금액은 많이 기록하는 것을 말합니다. 재무상태표의 경우 자산은 최대한 적게, 부채는 최대한 많이 계상하는 방식입니다.

이 원칙이 항상 이런 방식을 요구하는 것은 아닙니다. 핵심은 '기업의 재정에 불리한 영향을 미칠 가능성이 있을 때'라는 조건이 붙는다는 점입니다.

보수주의 원칙이 의미하는 바는 **'좋은 소식은 신중하게, 나쁜 소식은 적극적으로 공개하라'**라는 것입니다. 그렇게 함으로써 재무 정보를 이용하는 이해관계자들에게 더 유익한 정보를 제공할 수 있기 때문입니다.

긍정적인 정보만 믿고 있다가는 급작스러운 변화에 대처할 수 없습니다. 나쁜 소식일수록 빠르고 적극적으로 공개해야 불리한 상황에 대비하고 조기에 대응할 수 있습니다. 때로는 나쁜 소식이 더 유용한 정보가 되기도 합니다.

보수주의 원칙은 여러 회계 제도의 이론적 근거가 되는 중요한 원칙입니다.

중요성의 원칙

중요성의 원칙이란 **'중요도가 낮은 항목에 대해서는 원래의 엄격한 회계 처리 대신 간편한 방법을 사용할 수 있다'**라는 원칙입니다. 즉, 중요성이 낮은 항목은 간소화해서 처리할 수 있다는 뜻입니다.

회계 담당자는 규정에 따라 회계 처리를 충실히 수행하고자 합니다. 이와 같은 성실한 자세는 매우 중요하며 회계 업무의 기본입니다. 그러나 지나치게 꼼꼼한 처리는 회계뿐만 아니라 다른 업무까지 지나치게 복잡하게 만들 수 있습니다.

기업에 요구되는 것은 완벽한 재무제표가 아닙니다. 모든 업무는 제한된 인력과 시간과 예산 내에서 이루어지므로, **완전무결한 재무제표를 만드는 것은 현실적으로 불가능**합니다.

재무제표에는 기업의 경제적 실체를 전체적으로 잘 반영해야 합니다. 따라서 중요도가 낮은 항목까지 엄격하게 처리하는 것은 그다지 의미가 없습니다.

이 원칙은 업무가 과도하게 복잡해지는 것을 방지하는 중요한 원칙입니다. 다만, 중요성 판단에는 전체적인 관점이 필요하므로 실무 담당자가 판단하기 어려운 경우가 많습니다. 보통은 일정 직급 이상의 관리자가 이 역할을 담당하며, 이는 상급자가 맡아야 할 중요한 역할 중 하나라고 할 수 있습니다.

손익계산서에 관한 원칙

'수익'과 '수입'의 차이

손익계산서의 원칙을 설명하기에 앞서 용어를 먼저 짚고 넘어가겠습니다. **수익**과 **수입**의 차이는 무엇일까요? 여러 사람에게 같은 질문을 한 결과, 가장 많이 돌아온 답변은 "깊이 생각해본 적이 없다" 혹은 "수입은 벌어들인 모든 돈, 수익은 그중 비용을 뺀 나머지"였습니다. 실제로 일상에서는 이렇게 구분해 사용하는 경우가 많습니다. 특히 수익은 신문이나 뉴스에서도 흔히 이와 같은 의미로 사용됩니다.

그러나 회계에서는 수익과 수입의 뜻이 엄연히 다릅니다. '수익'은 손익계산서에서 사용하는 용어로, 수익이 등장하면 손익계산서에 관한 이야기라고 생각하면 됩니다. **회계에서 수익이란 손익계산서에 표시되는 모든 플러스 요소의 총칭**입니다. 일상적으로 사용하는 수익과의 가장 큰 차이는 아직 어떤 비용도 차감하지 않은 상태라는 점입니다. 플러스 항목의 총칭이므로 수익에는 매출액, 영업외수익, 특별이익 등이 모두 포함됩니다. 손익계산서에서 수익은 그 성질에 따라 매출액, 영업외수익, 특별이익 등으로 구분되는 것입니다.

반대로 **비용이란 손익계산서에 표시되는 마이너스 요소의 총칭**입니다. 비용은 일상적으로 쓰는 용어와 유사한 의미로 사용됩니다. 비용에는 매출원가, 판매비와 관리비, 영업외비용, 특별손실 등이 포함되며, 이 역시 성질에 따라 구분해 표시됩니다.

이때 **수익에서 비용을 뺀 것을 '이익'**이라고 합니다. 이것을 식으로 나타내면 다음과 같습니다.

$$\textbf{수익-비용 = 이익}\,(\text{식 } 3\text{-}1)$$

이 식을 보면 대부분이 수익과 이익을 혼동하고 있다는 사실을 알 수 있습니다. 실제로 이익 대신 수익을 쓰는 경우도 많습니다. 아마도 '익(益)'이라는 한자가 혼동을 일으키기 때문일 것입니다. 그러나 **수익은 총액(gross)의 개념이며, 이익은 순액(net)의 개념**

이므로, 이 둘을 혼동하는 것은 큰 오류입니다.

그렇다면 '수입'은 어떤 의미일까요?

수입은 현금에 관한 용어입니다. 수입이라는 단어가 등장하면 현금과 관련된 내용이라고 생각하면 됩니다. **수입은 현금이 들어오는 것**, 즉 캐시 인(cash in)을 의미합니다. 반대로 **현금이 나가는 것은 '지출'**, 즉 캐시 아웃(cash out)이지요.

수입에서 지출을 뺀 것을 '수지'라고 합니다. 이것을 식으로 나타내면 다음과 같습니다.

$$\textbf{수입}-\textbf{지출}=\textbf{수지}\text{(식 3-2)}$$

식 3-1과 식 3-2의 차이는 바로 **발생주의**라는 개념에 있습니다.

발생주의

발생주의란 **'수익과 비용을 수입과 지출이 아닌 경제적 사실의 발생에 따라 계상하는 원칙'**을 말합니다.

이 개념을 이해하려면 앞에서 설명한 용어의 의미를 명확히 파악해야 합니다. '수익과 비용'은 손익계산서상의 플러스와 마이너스 요소를 총칭하는 것으로, 간단히 말해서 '손익계산서의 정보'라고 할 수 있습니다. 반면에 '수입과 지출'은 '현금의 유입과 유출'을 의미합니다. 이를 통해 **손익계산서의 정보가 현금흐름과 분리되어 있다**는 것을 알 수 있습니다. 수익과 비용은 현금을 수취하고 지출한 시점에서 계상하는 것이 아니라는 뜻입니다.

그렇다면 수익과 비용은 무엇을 기준으로 계상할까요? 바로 **경제적 사실의 발생**을 기준으로 합니다. 예를 들어 매출액은 '상품 출고'라는 사실이 발생한 시점에 계상하지요. 이처럼 경제적 사실의 발생을 기준으로 하기 때문에 '발생주의'라고 부릅니다.

반대로 **현금주의**는 수익과 비용을 현금의 실제 유입 및 유출에 따라 계상하는 방식입니다. 현금주의가 직관적이고 이해하기 쉽긴 하지만, 원칙적으로 회계에서는 발생주의를 따릅니다.

이해를 돕기 위해 외상거래가 가능한 음식점을 예로 들어보겠습니다. 손님이 외상으로 식사를 마치고 나중에 계산하겠다며 가게를 떠난 경우, 음식점에는 아직 현금이 들어오지 않았습니다. 그러나 음식점은 이미 상품과 서비스를 제공했고, 그에 따른 대금 청구권을 보유한 상태입니다. 이러한 상황에서 현금이 아직 들어오지 않았다는 이유로 매출을 계상하지 않는다면, 상품과 서비스를 제공한 사실이나 대금 청구권이 기록되지 않습니다. 음식점의 경제적 실체가 정확히 반영되지 않는 것입니다.

이와 같은 외상거래는 기업 간 거래에서 일상적으로 발생합니다. 특히 기업 간 거래에서는 매번 현금을 주고받기보다 '당월 마감, 익월 말 지급'과 같은 형태로 정산하는 경우가 일반적입니다. 이러한 거래를 **외상거래** 또는 **신용거래**라고 합니다. 개인 고객이 신용카드로 결제할 때도 마찬가지입니다. 신용카드는 외상거래를 시스템화한 것으로, 거래 시점에서 현금이 이동하지 않습니다.

거래할 때마다 현금을 주고받지 않게 된 것은 당연한 흐름입니다. 현금을 주고받는 일은 번거롭고 실수가 발생하기 쉬우며, 분실이나 도난의 위험성도 높기 때문입니다. 신용거래에서는 일정한 날짜에 현금이 한꺼번에 이동합니다. 이와 같은 현금 이동에 맞추어 정보를 기록한다면 기업의 경제적 실체를 적시에 반영하기 어렵습니다. 따라서 현금의 움직임이 아니라 현금 이동의 원인이 된 경제적 사실의 발생 시점에 맞추어 손익계산서의 정보를 기록하게 된 것입니다.

경제적 사실의 예로는 **출고, 입고, 검수** 등이 있습니다. 출고는 판매처의 창고에서 물품이 나가는 시점, 입고는 고객에게 물품이 도달한 시점, 검수는 고객의 검사를 통과한 시점을 의미합니다. 신용거래에서는 이처럼 매입 · 매출을 계상하는 시점과 현금이 이동하는 시점이 일치하지 않으므로, 매입처에 대한 지급 의무와 고객에 대한 청구권을 기록해두어야 합니다. 이때 매입처에 대한 지급

그림 3-1 출고, 입고, 검수

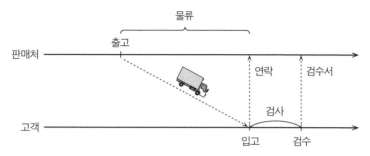

그림 3-2 이익과 실제 현금흐름은 다르다

손익계산서: 수익−비용=이익

현금: 수입−지출=수지

의무는 **매입채무**로, 고객에 대한 청구권은 **매출채권**으로 각각 계
상됩니다.

발생주의가 항상 좋은 것은 아니다

발생주의는 기업의 경제적 실체를 적시에 기록하는 데 유리한 방
식이지만, 항상 긍정적인 효과만 있는 것은 아닙니다. 수익과 수입,

비용과 지출이 다르다면 이익과 수지 역시 다를 수밖에 없습니다. 즉, **이익이 발생했다고 해서 실제로 현금을 보유하고 있는 것은 아니라는 뜻입니다**(그림 3-2 참조).

흑자를 기록했더라도 현금은 부족할 수 있으며, 현금이 고갈되면 기업은 도산할 위험성이 있습니다. 이처럼 흑자를 내고 있음에도 현금 부족으로 인해 도산하는 경우를 **흑자도산**이라고 합니다. 실제로 이러한 사례는 무수히 많습니다.

반대로 적자를 기록했더라도 누군가가 현금을 보충해준다면 기업은 도산을 피할 수 있습니다. 보통 이러한 현금 보충은 주로 거래하는 은행에서 이루어지는데, 실제 기업 도산의 방아쇠를 당기는 것도 대부분 은행입니다. 은행은 차주(借主)의 실적 회복이 어렵다고 판단하면 대출을 중단하고 기존 대출금의 상환을 요구합니다. 이 때문에 자금이 부족해져 도산에 이르게 되는 것입니다.

다시 한번 강조하지만, 이익과 실제 현금흐름은 다릅니다. 완전히 다른 것이라고 인식하는 편이 좋습니다. 자금 상황은 직접 확인하기 전까지 알 수 없으므로, 상장기업에 **현금흐름표** 작성이 의무화된 것입니다.

이익을 보면 현금흐름도 어느 정도 파악할 수 있으리라는 생각은 큰 착각입니다. **이익만 가지고는 정확한 현금흐름을 파악할 수 없습니다.**

실현주의

발생주의는 손익계산서의 수익과 비용 모두에 적용되는 원칙이지만, 실현주의는 수익에만 적용되는 원칙입니다. 실현주의란 **'수익 인식은 어느 정도 확실성이 확보된 후에 인정하자는 접근'**입니다. 수익이라는 긍정적인 정보를 쉽게 인정하게 되면 과대계상이나 허위계상이 발생할 수 있고, 보수주의의 관점에서도 수익과 같은 긍정적인 정보는 신중하게 인식해야 합니다.

이러한 이유로 실현주의에서는 다음 두 가지 요건이 충족될 때 수익이 '실현되었다'고 보고 인식을 허용합니다.

① 기업 외부의 제삼자에게 상품 또는 서비스를 제공
② 상품 또는 서비스를 제공한 대가로 현금 또는 현금성자산을 수령

첫 번째 요건을 충족하지 않는 예로는, 상품 출고 전에 선매출로 계상하는 사례가 있습니다. 이러한 경우는 대개 결산 전에 어떻게든 매출을 계상하고자 할 때 발생합니다. 또, 판매한 상품이 실제로 인도되지 않고 자사 창고에 남아 있는 사례도 있습니다. 고객이 보관 장소를 확보할 때까지 대신 맡아둔 상황이라면 예외로 볼 수 있

회계의 기본 원칙

으나, 그렇지 않다면 첫 번째 요건을 충족하지 않습니다. 이러한 행위를 의도적으로 계속하는 것은 **가공거래**라는 분식회계에 해당합니다.

또한, 가공거래보다 더욱 복잡한 방식으로 이루어지는 것이 **순환거래**입니다. 순환거래는 여러 기업이 결탁해 상품을 차례로 되팔고, 마지막에는 처음 판매한 기업이 다시 사들이는 방식입니다. 각 기업 간에는 거래의 실체가 있지만, 전체적으로 보면 상품이 원래 위치로 되돌아왔기 때문에 첫 번째 요건을 충족하지 않습니다.

두 번째 요건은 대가로서 현금이 확보될 가능성이 확실히 보장되는 것을 말합니다. 현금성자산에는 단기채권도 포함되므로 꼭 현금으로 받아야 하는 것은 아닙니다.

수익비용대응의 원칙

수익비용대응의 원칙은 손익계산서에서 비용을 어떻게 인식해야 하는지에 대한 기준입니다. 이 원칙에 따르면, '**비용은 수익 창출을 위한 경제적 희생을 의미하며, 수익과 수익 창출에 공헌한 비용을 대응시켜 계상**'해야 합니다.

수익비용대응의 원칙은 비용이란 무엇인가에 대한 개념을 말해

줍니다. 단순한 현금 지출은 발생주의에 따라 비용으로 처리하지 않습니다. 그렇다면 비용이란 무엇일까요? 수익비용대응의 원칙에 따르면 '비용'은 '수익 창출을 위한 경제적 희생'을 말합니다. 수익을 얻는 데 공헌한 부분만을 비용으로 계상하는 것입니다.

이 원칙의 대표적인 사례는 뒤에서 설명하겠지만, 손익계산서의 구조를 보면 수익과 비용의 대응 관계를 확인할 수 있습니다. 상품판매를 예로 들어보겠습니다. 매출액과 직접적으로 대응하는 비용은 상품의 매입 비용인 매출원가이고, 판매에 직접 연결되지는 않지만, 해당 회계기간의 운영을 위해 발생한 판매비와 관리비도 그 기간의 수익에 맞춰 반영됩니다. 본업 외 수익인 영업외수익에 대응하는 것은 영업외비용입니다.

한편, 특별이익을 '특별수익'이라고 하지 않는 이유는 어떠한 경제적 희생(또는 노력)으로 얻어진 것이 아니기 때문입니다. 비용으로서 대응할 항목이 없는 독립적인 이득이므로 처음부터 이익으로 계상하는 것입니다. 마찬가지로 특별손실을 '특별비용'이라 하지 않는 이유는 특정 수익을 위한 경제적 희생이 아니라 독립적인 경제적 손실이기 때문입니다.

회계의 기본 원칙

재무상태표의
원칙

취득원가주의

재무상태표와 관련해 꼭 알아두어야 할 원칙이 **취득원가주의**입니다. 취득원가주의는 흔히 '**원가주의**'라고도 불리며, 재무상태표에 자산과 부채를 어떻게 계상할지 규정한 원칙입니다. 취득원가주의는 다음 두 가지 요건으로 설명할 수 있습니다.

① 재무상태표에 자산과 부채를 계상할 때는 취득 시 지출한 금액을 기준으로 한다.
② 자산과 부채를 보유하고 있는 동안은 시장가치가 변동하더라도 평가 금액을 변경하지 않는다.

첫 번째 요건은 자산 금액을 재무상태표에 기록할 때, **자산을 얻기 위해 실제로 지출한 '취득원가'를 기준으로 한다**는 것입니다. 여기서 말하는 지출액은 실제로 지불한 현금을 의미합니다. 취득원가는 구체적으로 다음과 같이 계산합니다.

$$\textbf{취득원가} = \textbf{구매가격} + \textbf{부대비용} \quad (식\ 3\text{-}3)$$

구매가격은 자산 자체의 가격을, **부대비용**은 자산을 취득하는 데 필요한 운반비, 설치비, 수수료 등을 말합니다. 여기서 핵심은 구매가격이 취득원가가 아니라는 점입니다. 취득원가에는 부대비용까지 포함해야 합니다. 취득원가란 **'자산을 사용할 수 있게 되기까지 든 모든 비용을 합친 금액'**이기 때문입니다. 이 개념은 유가증권, 재고자산, 유형자산, 무형자산 등 모든 자산에 동일하게 적용됩니다.

취득원가주의의 두 번째 요건은 **한번 재무상태표에 계상된 금액은 이후 평가를 변경하지 않고 그대로 유지한다**는 것입니다.

이와 반대되는 개념이 **시가주의**입니다. 시가주의나 시가평가라는 말이 종종 언급되지만, 실제로 시가주의는 주식과 채권 등 일부 유가증권에만 적용합니다. 따라서 재무상태표에 적용되는 기본 원칙은 취득원가주의입니다.

회계의 기본 원칙

원가주의 vs 시가주의

현재 회계 제도에는 시가주의가 부분적으로 도입되었지만, 여전히 원가주의와 시가주의 중 어느 쪽이 더 적절한가에 대한 논쟁은 오 랫동안 이어지고 있습니다. 시가주의가 일부 대상에만 적용된 것 은 이러한 논쟁이 끝나지 않았음을 보여줍니다. 여기서는 이하 네 가지 관점에서 원가주의와 시가주의를 비교해보겠습니다.

먼저 첫 번째 관점은 **가액의 객관성**입니다. 시가주의를 적용하 고자 할 때, 정확한 시가를 정의하기란 쉽지 않습니다. 상장주식이 라면 당일 종가를 시가로 볼 수 있지만, 비상장주식은 거래가 없어 명확한 시가가 존재하지 않습니다. 평가 방법이 몇 가지 있긴 하지 만, 방법에 따라 값이 다를 수 있어 객관성이 떨어집니다.

반면에 원가주의는 취득 시 실제 지출한 금액이 기준이므로 금 액이 명확히 정해져 있고, 가액의 객관성 면에서 유리합니다.

두 번째 관점은 **자금 유입의 근거**입니다. 자금 유입의 근거는 115쪽의 포괄손익에서 설명했듯이, 당기순이익에 자금 유입이 확 실한 항목만 포함하려는 이유와 관련이 있습니다. 이익이 발생하 면 현금유출이 발생하기 때문입니다.

시가주의에서는 자산의 평가이익이 수익으로 반영되지만, 이 는 아직 실현되지 않은 잠재적 이익일 뿐 현금유입이 없는 '그림의

떡'과 같습니다. **평가이익이 당기순이익에 포함되면 배당을 통한 자금 유출만 발생할 가능성이 큽니다.**

반면에 원가주의는 평가이익을 수익으로 계상하지 않으므로 이러한 문제가 발생하지 않습니다. 따라서 자금 유입의 근거 면에서도 원가주의가 더 유리하다고 볼 수 있습니다. 자금 유입의 근거 없이 수익으로 계상한다는 것은 실현주의의 두 번째 요건인 '현금 또는 현금성자산의 수령'을 충족하지 않은 것입니다. 원가주의에서는 이러한 문제가 발생하지 않으므로, 원가주의와 실현주의는 서로 긴밀하게 연결된 개념이라고 할 수 있습니다. 원가주의에서 벗어나면 실현주의에서도 벗어나게 되는 것입니다.

세 번째 관점은 **정보의 시의성**입니다. 원가주의는 오래전의 취득가액을 그대로 유지합니다. 가령 100년 전에 취득한 토지라 하더라도 그 당시 가액으로 표시되지요. 이 때문에 현재가치와 큰 차이가 생기게 되고, 재무정보 이용자가 기업의 실제 경제 상황을 오해할 가능성이 있습니다.

반면에 시가주의는 해당 시점의 가액으로 조정되기 때문에 정보가 신속하게 반영됩니다. 따라서 정보의 시의성 면에서는 시가주의가 유리한 방식입니다.

네 번째 관점은 **이익조작 방지**입니다. 과거 시가주의가 도입되기 전에는 기말에 평가이익이 있는 주식을 매도한 후 곧바로 재

회계의 기본 원칙

매입해 이익을 부풀리는 방식이 흔하게 이루어졌습니다. 예를 들어 1,000원에 사둔 주식이 1,500원으로 올랐을 때 이를 매도하면 500원의 이익이 생깁니다. 그런 뒤 같은 주식을 다시 매입하면 해당 자산의 가치는 1,000원에서 1,500원으로 바뀝니다. 이렇게 자산을 매도한 후 재매입해 평가이익을 실현하는 방식을 **자전거래**라고 합니다. 자전거래를 하면 시가주의 회계가 적용되지 않는 상황에서도 마치 시가평가를 적용한 것과 유사한 효과를 낼 수 있습니다. 하지만 시가주의 회계와 차이가 있다면, 자전거래는 평가이익이 있는 자산만을 골라 매도할 수 있다는 점입니다. 이 때문에 실적이 나쁜 기업들이 이익을 끌어올리는 데 자주 사용했습니다.

반면에 시가주의 회계에서는 모든 자산이 평가조정을 받기 때문에 평가손익이 증가하거나 감소할 수는 있어도 기업이 임의로 조작하기는 어렵습니다. 따라서 이익조작을 방지하는 측면에서는 시가주의가 유리합니다.

이처럼 원가주의와 시가주의는 각각 장단점이 있어 어느 쪽이 더 낫다고 단정할 수 없습니다. 다만 주식과 같은 금융자산은 변동이 크기 때문에, 평가손익과 같은 미실현손익이 발생했을 때 이해관계자에게 미치는 영향이 큽니다. 특히 고도화된 금융상품은 미실현손익을 파악하기 어려우므로 나중에 드러났을 때의 여파가 상당할 수 있습니다. 이러한 상황을 고려해 현행 회계 제도에서는 원가주의를 기본으로 하되, 금융상품 한정으로 시가주의를 일부 적용하고 있습니다.

'수익'이라는 용어를 둘러싼 혼란

일반적으로 '수익'이라는 용어를 회계상의 정확한 의미로 사용하는 경우는 드물고, 대부분은 '이익'과 혼용해서 사용합니다. 반면에 회계 전문가가 수익을 언급할 때는 본래의 회계적 의미로 사용할 때가 많습니다.

이러한 혼용은 예상치 못한 문제를 초래할 수 있습니다. 예를 들어 회계 시스템의 요구사항을 정의할 때, 경리부가 본래 의미로 사용한 수익을 시스템 개발자는 이익으로 이해하는 상황이 발생할 수 있습니다. 저는 이제껏 수익을 본래 의미로 사용하는 시스템 개발자를 만난 적이 없습니다. 이렇게 되면 기대와 다른 시스템이 개발되는 심각한 문제로 이어질 수 있습니다.

IFRS도 이러한 혼란을 더욱 부추기고 있습니다. IFRS에서는 수익을 **income**이라 하며, 그중 본업에 해당하는 부분을 **revenue**, 본업 외의 부분을 **gain**으로 구분합니다. 그러나 일본판 IFRS에서는 income과 revenue를 모두 수익으로 번역했습니다. 두 개념을 구분할 필요가 있을 때는 income을 '광의의 수익', revenue를 '협의의 수익'이라고 부르기도 합니다.

일본의 공식 기준서가 원문에서 단어를 구분해 쓴 두 개념에 왜 같은 번역어를 사용했는지, 왜 아무런 수정을 거치지 않고 세상에 발표한 것인지 저는 도무지 이해할 수 없습니다. revenue는 본업과 관련된 수익,

즉 **매출액**을 뜻합니다. 이를 뒷받침하는 근거로, IFRS의 손익계산서 양식은 revenue로 시작합니다. 이를 수익으로 번역한 것은 잘못된 번역이라고밖에 볼 수 없습니다.

참고로 2011년까지 일본판 IFRS에서는 손익계산서의 revenue를 '매출수익'으로 번역했으나, 2012년 이후부터는 수익으로 바꾸었습니다. 이러한 부정확한 번역 탓에 일본에서 IFRS를 도입한 기업들은 손익계산서의 첫 줄을 매출액, 매출수익, 영업수익, 수익 등으로 제각각 표기하고 있습니다. 일본판 IFRS의 부적절한 용어 사용이 수익에 관한 혼란을 더욱 키우고 있는 상황입니다.

일본판 IFRS에서 revenue를 수익이라고 번역한 후로 일본 회계 제도에서는 수익을 '매출액'의 의미로 사용하게 되었습니다. 그 대표적인 예가 2021년 4월부터 일본에서 의무 적용된 '**수익인식회계기준**'입니다. 흔히 '**수익인식기준**'이라고 불리는 이 기준은 IFRS의 원문을 거의 그대로 가져온 것입니다. IFRS에서는 revenue라는 용어가 사용되므로, 여기서 말하는 수익은 매출액을 뜻합니다. 회계 용어로서 '인식'은 '계상'을 의미하기 때문에 '**수익인식기준**'이란 '**매출액계상기준**'이라는 뜻이 됩니다. 오히려 이렇게 부르면 훨씬 이해하기 쉬울 테지만, 잘못된 번역을 고수한 탓에 수익인식기준이라 부르게 되었습니다. 실제로는 매출액계상기준을 의미하지만, 이를 정확히 이해하고 있는 사람이 얼마나 될지는 의문입니다.

가뜩이나 수익이라는 용어가 잘못 이해되고 있는 상황에서 일본판 IFRS의 번역은 이 혼란을 더욱 심화시키고 있습니다.

회계의 기본 원칙

✓ **계속성의 원칙**이란 정당한 사유가 없는 한 채택한 회계 처리 방법을 변경해서는 안 된다는 원칙이다. 이 원칙은 이익조작을 방지하기 위한 관점에서 중요하다.

✓ **잉여금 구분의 원칙**이란 주주와의 직접적인 거래로 자본이 변동하는 자본거래와 일상적인 업무에서 발생하는 손익거래를 명확히 구분하고, 양쪽을 혼동하지 않아야 한다는 원칙이다. 주주의 출자금과 기업의 경영 성과를 명확히 구분하기 위함이 목적이다.

✓ **보수주의 원칙**이란 좋은 소식보다 나쁜 소식을 더 적극적으로 공개하라는 원칙이다. 보수주의 원칙은 여러 회계 제도의 이론적 근거가 되는 중요한 원칙이다.

✓ **중요성의 원칙**이란 중요도가 낮은 거래에 대해서는 간소화된 회계 처리를 허용하는 원칙이다. 회계 업무가 과도하게 복잡해지는 것을 방지하기 위한 실무적 원칙이다.

✓ **수익**과 **비용**은 모두 손익계산서와 관련된 개념이다. 손익계산서의 플러스 요소를 '수익', 마이너스 요소를 '비용'이라고 하며, 수익과 비용의 차액을 **이익**이라고 한다.

✓ **수입**과 **지출**은 모두 현금과 관련된 개념이다. 현금이 들어오는 것을 '수입', 나가는 것을 '지출'이라고 하며, 수입과 지출의 차액을 **수지**라고 한다.

✓ **발생주의**란 손익계산서의 정보는 현금흐름이 아닌 출고와 같은 경제적 사실의 발생에 따라 계상한다는 원칙이다.

✓ **실현주의**란 수익은 ① 제삼자에게 상품이나 서비스를 제공하고, ② 그 대가로 현금 또는 현금성자산을 수령하는 두 가지 요건이 충족되었을 때 계상할 수 있다는 원칙이다.

✓ **수익비용대응의 원칙**이란 비용은 수익 창출을 위한 경제적 희생이므로, 수익과 수익 창출에 공헌한 비용을 대응시켜 계상한다는 원칙이다.

✓ **취득원가주의**란 재무상태표에 자산과 부채를 계상할 때는 취득 시 실제 지출한 금액을 기준으로 하며, 자산과 부채를 보유하고 있는 동안은 시장가치가 변동하더라도 평가 금액을 변경하지 않는다는 원칙이다.

회계의 기본 원칙

CHAPTER 4

재무회계의 개별 논점

ACCOUNTING

재고자산
— 재고의 이점과 단점

재고자산이란?

재고자산은 흔히 **재고**라고 불리며, 창고나 상품 진열대에 보관된 자산을 뜻합니다. 재고자산은 '재고조사의 대상이 되는 자산'으로, 여기서 '재고조사'란 진열된 상품 수량을 확인하는 작업을 말합니다. 편의점에 가면 종종 태블릿을 든 직원이 상품 수량을 세고 있는 장면을 목격하게 됩니다. 바로 그 작업이 재고조사입니다.

가장 다양한 종류의 재고자산이 등장하는 곳은 제조업이므로, 제조업의 공급망을 중심으로 구체적인 예를 살펴보겠습니다(그림 4-1 참조).

제조업에서는 먼저 **재료**를 사서 재료 창고에 보관합니다. 이 재

그림 4-1 재고자산이란?

료가 첫 번째 재고자산입니다. 재료가 생산 과정에 투입되면 제조 단계에 돌입하게 되는데, 이 상태의 물건을 **재공품**이라고 부릅니다. 재공품은 '제작 중인 물건'이라는 뜻으로 재고자산에 해당합니다. 재공품이 완성되면 **제품**이 되어 고객에게 판매됩니다. 제품 역시 재고자산입니다.

또한, 고객에게 판매되는 재고자산으로는 **상품**이 있습니다. 회계 상 상품과 제품은 엄연히 구분되는데, **상품은 완제품을 들여와서 판매하는 것**을 말하고, **제품은 자사가 직접 생산해 판매하는 것**을 말합니다. 따라서 상품은 주로 유통업이나 소매업에서, 제품은 주로 제조업에서 사용됩니다.

하지만 제조업에서도 상품이라는 계정과목이 사용될 수 있고, 유통업 혹은 소매업에서도 제품이라는 계정과목이 사용될 수 있습니다. 예를 들어 맥주 회사를 기준으로 보면 자사가 제조한 맥주는 제품이지만, 수입해 판매하는 와인은 상품으로 분류됩니다.

제조업에서 상품에 해당하는 또 다른 예로는 위탁생산(OEM) 제품이 있습니다. 위탁생산 제품은 타사에서 생산된 제품에 자사 브랜드를 붙여 판매하는 것이므로 상품에 해당합니다.

반대로 유통업이나 소매업에서 자사 브랜드(PB)로 직접 제조한 PB상품은 회계상 제품으로 처리합니다.

지금 소개한 재료, 재공품, 제품, 상품이 재고자산의 대표적인 예입니다. 이 밖에도 '**저장품**'으로서 계상되는 재고자산이 있습니다. 저장품은 '기타 자잘한 소모품이나 소모성 재료'를 의미합니다. 예를 들어 사용하지 않은 우표, 포장재나 사무용품 등이 저장품에 해당합니다.

비용으로 처리되는 금액은 얼마일까?

재고자산과 관련해 꼭 알아두어야 할 논점 중 하나는 비용과의 관계입니다. 아래 예시를 보면서 살펴보겠습니다.

1,000원짜리 상품 100개를 매입하고 총 10만 원을 냈다고 가정해봅시다. 이 중 80개는 당기 회계연도 중에 판매되고, 나머지 20개가 기말재고로 남아 있습니다. 이때, 이번 연도의 비용으로 처리되

는 금액은 얼마일까요?

이 질문에 대부분이 10만 원이라고 답합니다. 이유는 '이미 10만 원을 냈기 때문'입니다. 언뜻 일리가 있어 보이는 답변이지만 회계에서는 다르게 처리합니다. 회계상 비용으로 인식되는 금액은 판매된 80개에 해당하는 8만 원뿐입니다. 이 8만 원이 매출원가라는 비용으로 처리됩니다.

이 계산의 이론적 근거는 144쪽에서 다룬 수익비용대응의 원칙에 있습니다. 수익비용대응의 원칙이란 '비용은 수익 창출을 위한 경제적 희생이며, 수익과 수익 창출에 공헌한 비용을 대응시켜 계상해야 한다'라는 원칙입니다.

비록 10만 원을 지출했지만, 그중 매출액이라는 수익에 공헌한 부분은 판매된 80개의 매입가 8만 원입니다. 따라서 8만 원만 매출원가라는 비용으로 인정하는 것입니다. 매출원가는 수익비용대응의 원칙을 가장 잘 보여주는 예입니다. 참고로 매출원가는 영어로 **Cost of Goods Sold**(COGS)라고 합니다. COGS는 '판매한 상품의 가격'이라는 뜻이며, **'매출원가'란 말 그대로 '매출액의 원가'를 의미**합니다. 매입 비용 10만 원은 **'매입원가'**에 해당하며 판매되지 않고 남은 20개는 재고자산으로 재무상태표에 계상됩니다. 판매되지 않은 상품은 향후 판매 가능성이 있는 재산이므로 재산목록인 재무상태표에 기재하는 것입니다.

비용은 '출구'에서 인식된다

매출원가의 이론적 근거는 수익비용대응의 원칙입니다. 다르게 말하면 '비용은 출구에서 인식된다'라고 설명할 수 있으며, 이는 회계 전반에 적용되는 원칙입니다.

그림 4-2를 보면 상품을 매입하는 행위는 기업의 '입구'에서 발생하는 일로, 상품이라는 재산과 현금이라는 재산의 **등가교환**에 불과합니다. 따라서 이 시점에서는 기업의 재산이 줄어들지 않았습니다. 실제로 재산이 줄어드는 것은 외부의 제삼자에게 상품이

그림 4-2 비용은 출구에서 인식된다

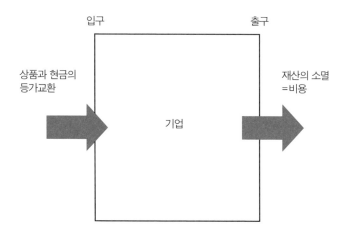

재무회계의 개별 논점

판매되는 시점, 즉 '출구'에서 기업을 떠날 때입니다. 비용은 바로 이때 인식됩니다.

여기서는 이해를 돕기 위해 '재산'이라는 표현을 사용했지만, 회계적으로는 **자산**이라는 용어가 맞습니다. 상품은 매입 시점에 모두 재고자산이라는 자산으로 인식되며, 외부로 출고된 부분만 비용으로 처리됩니다. 출고되지 않은 부분은 자산으로 남아 기말 재무상태표에 재고자산으로 계상됩니다.

비용은 출구에서 인식된다는 말은, 달리 표현하면 **'재산은 소멸하거나 소비되는 시점에 비용으로 처리된다'**라는 의미입니다. 그러므로 우표와 같은 저장품도 미사용분은 재고자산으로 남아 있게 됩니다(그림 4-2 재산의 소멸=비용). 우표는 구매 당시 자산으로 취급되며, 현금화할 수 있는 가치를 지닌 엄연한 자산입니다.

실무에서는 우표와 같은 항목은 중요성의 관점에서 구매 시 전액 비용으로 처리하기도 합니다. 그러나 엄밀한 회계 처리에서는 사용한 부분만을 통신비 등의 비용으로 처리합니다.

과잉재고는 왜 문제가 될까?

매출원가는 제도적으로 앞서 설명한 대로 처리됩니다. 하지만 이러한 방식이 최선인지 아닌지는 별개의 문제입니다.

　매출원가 처리의 단점 중 하나는 **비용을 통해 실제로 사용한 현금을 바로 파악하기 어렵다는 점**입니다. 실무자들은 보통 재무상태표보다 손익계산서상의 매출이나 비용과 같은 정보에 더 주목합니다. 회사는 실적으로 압박을 주기 때문에, 비용이 적게 발생하고 이익이 나기만 하면 만족하는 것입니다. 비용이 적다는 것은 그만큼 돈을 쓰지 않았다는 뜻이고, 이익이 발생했다면 돈을 벌어들인 것이라고 단순하게 생각하기 쉽습니다.

　하지만 매출원가의 금액이 곧 그만큼의 현금을 사용했다는 의미는 아닙니다. 매출원가는 어디까지나 판매한 상품의 원가일 뿐입니다. 매출원가가 8만 원이라는 정보만으로는 실제로 10만 원을 사용했다는 사실을 파악할 수 없습니다.

　이 경우는 그나마 양호한 사례로 볼 수 있습니다. 사용한 현금의 80%가 비용으로 반영되어서 오차가 크지 않기 때문입니다. 하지만 만약 1,000원짜리 상품을 100개 매입해서 20개만 팔고, 80개가 재고로 남았다면 문제가 달라집니다. 이때 비용으로 처리되는 금액은 2만 원에 불과하며, 실제 사용한 현금 10만 원과는 큰 차이가 있습니다.

　기본적으로 판매단가가 매입단가를 웃돌기만 하면 이익은 발생합니다. 앞의 사례에서 판매단가를 1,100원으로 설정한 경우, 매출총이익은 다음과 같이 계산됩니다.

$$1,100원 \times 20개 - 1,000원 \times 20개 = 2,000원$$

이는 곧 판매단가와 매입단가의 차액인 100원이 20개만큼 발생했음을 의미합니다. 이런 식으로 이익은 나지만, 문제는 시간이 지나 미판매된 재고가 폐기될 때 드러납니다. 그제야 미판매 상품 80개에 해당하는 8만 원이 전액 비용으로 인식되기 때문입니다. 처음에는 2,000원의 이익이 발생했다고 생각한 사업이 사실은 2,000원-8만 원=△7만 8,000원의 적자였음을 뒤늦게 알게 되는 것입니다. 여러 상품을 대량으로 취급하는 경우, 폐기된 재고로 인한 손실을 매출총이익과 연결해 파악하기 어렵습니다. 따라서 실제로는 사업이 실패했다는 사실을 인식하지 못할 가능성이 있습니다.

이것이 재고의 위험성입니다. 사업의 핵심은 현금흐름입니다. 그러나 재고로 남은 부분은 비용으로 바로 인식되지 않기 때문에 실제 사용한 현금이 드러나지 않습니다. 따라서 손실을 파악하는 시기도 늦어집니다.

경제신문 등에서 종종 과잉재고가 이익에 악영향을 미친다는 기사가 보이는데, 이러한 표현에는 오해의 소지가 있습니다. 창고 임차료와 같은 보관비가 늘어나는 것도 사실이지만, 그보다 중요한 문제는 **과잉재고가 현금흐름을 악화시킨다는 점**입니다. 재고로 남은 자산은 실제로 유출되거나 소비되지 않는 한 비용으로 인식되지 않기 때문입니다.

토요타 간판방식의 핵심

토요타 자동차의 '간판방식'은 재고를 최소화하는 시스템입니다. 간판방식은 필요한 것을, 필요한 때에, 필요한 만큼만 생산한다는 원칙을 기반으로 하며, **저스트 인 타임**(Just In Time, JIT)이라고도 불립니다. 이 방식은 **정보의 흐름을 거꾸로 보내는 것**이 핵심입니다.

일반 제조업에서는 각 공정에 일정량의 재고를 쌓아둡니다. 재고가 없으면 다음 공정이 멈출 수 있기 때문에 어느 정도의 재고 확보는 필수입니다. 영업 부서에서도 주문에 대응할 수 있도록 일정량의 완성품을 비축하고 있으며, 구매 부서 역시 원자재 부족으로 생산 라인이 멈추지 않도록 재고를 확보해둡니다.

그러나 이러한 소량의 재고들이 모여 거대한 규모가 되는 것이 문제입니다. 자동차 한 대는 약 3만 개의 부품으로 구성되며, 차량을 한 대 생산할 때마다 수많은 부품의 재고가 필요합니다. 또한, 공정 간에도 진행 중인 재공품이 쌓이기 때문에 공정 수가 늘어날

수록 재공품의 종류와 양도 증가합니다. 특히 토요타처럼 다양한 종류의 모델을 생산하는 경우, 필요한 재고의 종류와 양은 더욱 커집니다. 이처럼 제조업에서는 재고의 종류만 해도 부품, 재공품, 제품 등으로 나뉘며 각각의 재고가 대량으로 존재하게 됩니다. 다음 공정을 염두에 두고 마련한 소량의 재고가 눈덩이처럼 불어나는 것입니다.

간판방식에서는 발주 정보를 물류의 흐름과 반대로 흐르게 해 재고가 일정 수준 이하로 떨어졌을 때 공정이 다시 시작되도록 합니다. 예를 들어, 이전 공정에서 생산해 운반된 재공품에는 재고가 일정량 이하가 되는 곳에 간판이 끼워져 있습니다. 이 재공품을 사용하는 다음 공정에서는 이 간판을 다시 이전 공정으로 돌려보냅니다. 돌려보내진 간판이 이전 공정에 대한 발주이자 생산 지시가 되는 것입니다. 이전 공정은 다음 공정에서 지시가 있을 때까지 추가 생산을 하지 않습니다.

바쁘게 일해야 열심히 했다고 평가받는 사회에서 생산을 멈추고 기다리는 방식은 상상하기 어렵습니다. 하지만 바쁘게 일한 결과로 재고가 쌓인다면 결국 현금 낭비로 이어집니다. 간판을 사용해 이전 공정에 신호를 보내는 방식은 현금 낭비를 줄이기 위해 도입된 것입니다.

간판방식을 더욱 체계화한 것이 **공급망 관리**(supply chain

management, SCM)이며, 공급망 관리를 위한 다양한 소프트웨어도 개발되었습니다. 토요타는 간판이라는 다분히 아날로그적인 방식으로 이미 오래전에 공급망 관리를 실현한 것입니다.

유니클로의 오산

과잉재고는 현금흐름에 부정적인 영향을 미치지만, 재고가 너무 부족해도 또 다른 문제가 발생할 수 있습니다. 그것이 바로 **기회손실**입니다. 8장에서 더 자세히 설명하겠지만, 기회손실이란 '다른 선택지에서 얻을 수 있었던 수익', 즉 그 선택을 하지 않았기 때문에 놓쳐버린 이익을 의미합니다. 예를 들어 특정 상품의 재고가 충분했다면 판매해서 이익을 얻을 수 있었지만, 재고 부족으로 그 기회를 놓친 상황을 말합니다.

유니클로를 운영하는 주식회사 패스트리테일링도 재고 부족으로 인해 큰 기회손실을 입은 적이 있습니다. 2010년 8월 결산 당시, 히트 상품인 히트텍이 큰 인기를 끌어 5천만 장이 판매되었지만, 11월 말이 되자 품절한 매장이 속출했습니다. 패스트리테일링은 연간 수요예측에 따라 제품을 일괄생산하며, 추가 생산은 하지 않는 방침을 고수하고 있습니다. 이러한 방침은 재고가 과도하게

재무회계의 개별 논점

쌓이는 것을 막는 데 유리하지만, 예측 이상의 수요가 발생하면 조기 품절로 이어질 수 있습니다.

패스트리테일링의 창업자인 야나이 다다시는 당시 "품절은 재고가 남는 것보다 더 나쁜 일"이라며 다음 해에는 생산량을 7천만 장으로 늘렸고, 그 결과 전년도와 같은 품절 사태는 발생하지 않았습니다.

2010년 8월 결산 당시, 본격적인 추위가 시작되기 전인 11월에 이미 제품이 소진되었기 때문에 만약 추가 재고가 있었다면 더 많이 판매되었을 가능성이 큽니다. 다음 해 생산량인 7천만 장을 기준으로 했다면 추가로 2천만 장이 더 팔렸을지도 모릅니다. 히트텍의 평균 판매가를 10,000원이라 하고, 2010년 8월 결산의 회사 전체 매출총이익률을 52%로 가정하면, 기회손실은 10,000원×2,000만 장×52%=1,040억 원에 달합니다. 유니클로는 매우 큰 기회를 놓친 셈이지요.

이처럼 재고관리는 매우 까다로운 과제입니다. 너무 많은 재고는 현금흐름을 악화시키고, 재고 부족은 기회손실로 이어지므로 **재고는 너무 많아도 적어도 안 되는 것입니다.**

감가상각
― 이론적 근거와 경영적 효과

산업혁명이 가져온 장기적 비즈니스 관점의 시작

감가상각은 유형자산에 적용되는 회계 절차입니다. 예를 들어 1,000억 원의 설비를 구매했을 때, 구매 시점에 1,000억 원을 지출했어도 그 금액을 전부 비용으로 처리하지 않습니다. 이 1,000억 원은 재무상태표에 자산으로 계상됩니다(그림 4-3의 ①). 이 금액은 **취득원가**라고 하며, 이후 설비의 예상 사용 기간 동안 취득원가 1,000억 원을 여러 해에 걸쳐 비용으로 계상합니다(그림 4-3의 ②). 이러한 예상 사용 기간을 **내용연수**라 하고, 연 단위로 나누어 인식되는 비용을 **감가상각비**라고 합니다.

또한, 자산가치는 감가상각비만큼 재무상태표에서 점점 줄어들

재무회계의 개별 논점

며(그림 4-3의 ③), 감가상각 후 남은 금액을 **장부가액** 또는 **장부가**라고 합니다. 이는 아직 상각되지 않은 **미상각잔액**, 즉 잔여 자산가치를 의미합니다.

이처럼 감가상각은 자산의 사용 기간에 따라 비용을 분할해 처리하는 절차입니다. 그런데 왜 이런 절차가 필요할까요? 자산 취득 시에 이미 돈을 지출했는데 왜 그 금액을 바로 비용으로 처리하지 않을까요? 이 질문의 답은 자산을 취득할 당시에 한꺼번에 비용 처리되는 상황을 피하고자 했던 역사에 있습니다.

그림 4-3 감가상각

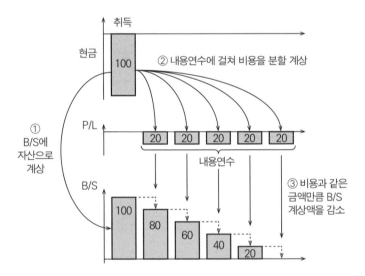

18세기 중반에서 19세기에 걸쳐 진행된 **산업혁명**은 사회를 산업 중심 구조로 변화시키는 계기가 되었을 뿐만 아니라, 회계에 있어서도 중요한 전환점이 되었습니다. 산업혁명 이전에는 주로 인건비와 원자재 구매가 주요 비용이었지만, 증기기관이 발명되면서 기계나 장비 중심의 사업이 등장해 초기 자본투자가 증가했습니다. 대표적인 예가 증기기관을 활용한 철도사업으로 여기에는 증기기관차, 철로, 역사 등 막대한 설비투자가 필요했고, 이를 위해 주주나 은행에서 대규모 자금조달을 받아야 했습니다.

그러나 설비투자 금액을 한꺼번에 비용으로 처리하면, 해당 연도의 실적이 큰 적자가 되어 은행이나 주주에게 자금 지원을 받기 어려워졌습니다. 이와 같은 문제를 해결하기 위해 산업혁명 시기에 새로운 회계 처리 방식이 도입되었습니다. 설비투자 비용을 해당 설비의 사용 기간에 맞춰 나누어 처리함으로써 첫해에 발생하는 큰 적자를 피한 것입니다. 이러한 회계 처리가 감가상각의 시작이었습니다.

감가상각이라는 개념이 없었다면, 매년 증감하는 자금 흐름에만 집중하며 단기적인 경영 관점에 갇히게 되었을 것입니다. 그러나 감가상각이 도입된 덕분에 대규모 설비투자를 장기간에 걸쳐 회수할 수 있는 비즈니스 모델이 생겨났고, 이를 바탕으로 장기적 시점이 필요한 설비산업과 장치산업이 존재할 수 있게 되었습니다.

감가상각의 이론적 타당성

감가상각은 많은 자금을 투입하고도 이익이 발생하는 것처럼 보이기 위한 임시방편이 아니라, 이론적으로도 타당한 방법입니다.

첫째, 주주가 된 시기에 따라 발생할 수 있는 불공정함을 줄일 수 있습니다. 예를 들어, 설비투자 금액을 투자한 해에 모두 비용으로 처리하면 해당 연도는 적자가 되고, 그해 주주였던 사람들은 배당을 받지 못하게 됩니다. 반면에 다음 해부터는 이미 확보한 설비를 사용함에 따라 큰 비용이 발생하지 않습니다. 따라서 이익이 늘어나게 되고, 투자 이후에 주주가 된 사람들은 충분한 배당을 받게 됩니다. 이는 투자 당시의 노력이 있었기에 발생한 이익이지만, 당시 주주였던 사람들은 보상받지 못하고 나중에 주주가 된 사람들만 혜택을 받는 불공정함이 생길 수 있습니다. 신인 선수를 영입하고 키워낸 감독이 물러난 후 그 선수가 활약하게 되었는데, 새로 취임한 감독이 칭송을 독차지하고 함께 고생한 감독은 아무런 보상을 받지 못하는 것과 같습니다. 설비투자에 사용한 비용을 여러 해에 걸쳐 분할 계상하면 매기마다 이익이 평준화되므로, 주주가 된 시기의 차이로 인한 불공정함을 해소할 수 있습니다.

둘째, 비용과 매출이 더 합리적인 대응 관계를 이루게 됩니다. 기업은 설비투자 자금을 한 해의 매출만으로 회수하려 하지 않고,

여러 해에 걸친 매출로 회수하려 할 것입니다. 그러므로 투자한 해에만 모든 비용을 계상해 적자라고 판단하는 것은 합리적이지 않습니다. 설비투자 비용을 사용 기간에 걸쳐 나누어 계상하면, 해당 설비를 사용하는 기간에 발생한 매출과 비용이 적절하게 대응됩니다. 이는 수익에 공헌한 부분만 비용으로 계상한다는 수익비용대응의 원칙과도 일치합니다.

수익비용대응의 원칙을 보여주는 대표적인 예로는 4장 그림 4-1에서 다룬 재고자산이 있습니다. 여기서는 '비용은 출구에서 인식된다'라는 원칙도 소개했습니다. 감가상각도 마찬가지로 이 원칙을 따르고 있습니다.

설비 구매 시점, 즉 '입구'에서는 설비라는 자산과 현금이라는 자산이 동일한 가치로 교환됩니다. 따라서 이 단계에서는 자산의 감소가 일어나지 않습니다. 그렇다면 설비의 가치는 언제 줄어들게 될까요?

재고자산은 판매 시점에 자산이 물리적으로 감소하지만, **유형자산은 판매가 아닌 자가사용을 목적으로 보유하는 것**이므로 사용에 따라 가치가 감소합니다. 다시 말해 시간이 지나면서 자산가치가 줄어드는 것입니다. 이 시간의 경과가 유형자산에 있어 '출구'에 해당합니다. 이처럼 시간 경과에 따라 비용을 분할 계상하고, 계상한 비용만큼 재무상태표의 자산가액을 줄여나가는 것이 감가상각

재무회계의 개별 논점

의 핵심입니다. 따라서 감가상각 처리 방식은 재고자산의 비용 처리 방식과 이론적으로 일치하며, 유형자산의 사용과 가치 감소를 합리적으로 반영하는 방법입니다.

감가상각의 구체적인 과정

우리는 자산의 가치가 일정 기간 어떻게 감소하며 어떻게 수익 창출에 공헌하는지 명확히 알 수 없습니다. 따라서 감가상각이라는 일정한 규칙을 설정해 운영하는 것입니다. 이 규칙에는 내용연수, 잔존가치, 상각방법이라는 세 가지 요소가 포함됩니다.

내용연수는 유형자산의 예상 사용 기간을 의미합니다. 일반적으로 법인세법에 따라 자산마다 내용연수가 정해져 있고, 실제 업무에서는 이를 그대로 사용하는 경우가 많습니다. 이를 **법정내용연수**라고 합니다.

그러나 법정내용연수를 반드시 따라야 하는 것은 아닙니다. 방법이 합리적이라면 기업이 자율적으로 내용연수를 결정할 수 있습니다. 다만 대부분의 기업이 법정내용연수를 따르고 있는 것뿐입니다. IFRS에서는 무조건 법정내용연수를 따르는 것이 아니라 해당 자산의 경제적 수명과 사용 패턴을 합리적으로 반영해 기업이

자율적으로 선택하도록 규정하고 있으며, 법정내용연수를 사용하기로 한 결정에도 타당한 이유가 요구됩니다.

잔존가치는 내용연수가 종료된 후에도 자산에 남아 있는 경제적 가치를 의미합니다. 예를 들어 자산을 중고로 판매할 수 있는 경우, 해당 판매가격이 잔존가치가 됩니다. 그러나 중고 시장이 형성되지 않은 자산은 내용연수 종료 시 판매가 어려운 경우가 많아 처분비용이 발생하기도 합니다. 이 때문에 **제도적으로 잔존가치를 0으로 처리**하는 경우가 많습니다.

상각방법에는 다양한 방식이 있지만, 일반적으로 **정액법**과 **정률법** 중 하나가 사용됩니다. 방법은 기업이 자유롭게 선택할 수 있으나, 자산의 종류에 따라 상각방법이 정해져 있기도 합니다. 대표적으로 건물은 정액법을 적용하도록 규정되어 있습니다.

정액법과 정률법

정액법은 매 기간 동일한 금액으로 감가상각비를 계산하는 방법입니다. 예를 들어 취득원가가 1,000억 원인 유형자산을 내용연수 10년으로 감가상각하는 경우, 정액법을 적용한 감가상각비는 매년 1,000억 원을 10년으로 나눈 100억 원이 됩니다. 그림 4-3의 예시는 내용연수를 5년으로 설정하고 정액법을 적용해 계산한 것입니다.

한편, **정률법은 매년 미상각잔액에 일정 비율(상각률)을 곱해 감가상각비를 산출하는 방법**입니다. 일반적으로 정률법의 상각률은 정액법 상각률의 2배를 적용하며, 이를 **'이중체감법'**이라고 부릅니다. **정액법의 상각률은 내용연수의 역수**입니다. 예를 들어 내용연수가 10년인 경우, 정액법의 상각률은 0.1이며, 정률법의 상각률은 0.1×2=0.2가 됩니다.

정률법으로 감가상각비를 계산하는 과정은 꽤 번거롭습니다. 취득원가가 1,000억 원인 유형자산을 내용연수 10년으로 감가상각하는 경우, 1년 차에는 취득원가 1,000억 원이 그대로 미상각잔액이 되므로 여기에 상각률 0.2를 곱한 1,000억 원×0.2=200억 원이 감가상각비로 계상됩니다. 미상각잔액은 1,000억 원-200억 원=800억 원이 됩니다.

2년 차에는 미상각잔액 800억 원에 상각률 0.2를 곱한 800억 원×0.2=160억 원이 감가상각비로 계상됩니다. 이후 잔액은 800억 원-160억 원=640억 원이 됩니다.

3년 차에는 미상각잔액 640억 원에 상각률 0.2를 곱한 640억 원×0.2=128억 원이 감가상각비로 계상됩니다.

이와 같은 과정을 반복하면 미상각잔액(장부가액)은 0에 가까워지지만, 완전히 0이 되지는 않습니다. 따라서 일정 기간이 지나면

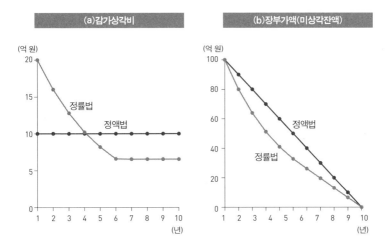

그림 4-4 정액법과 정률법

정액법으로 전환해 내용연수 종료 시에 장부가액을 0으로 만듭니다. 이 내용은 계산상의 자세한 절차일 뿐이므로, 회계 전문가가 아니라면 크게 신경 쓰지 않아도 됩니다.

그림 4-4는 감가상각비와 장부가액의 변화를 보여줍니다. 정률법의 경우 감가상각비와 장부가액이 곡선 모양으로 점차 감소하다가, 6년 차 이후에는 정액법으로 전환되어 일정하게 감소하는 모습이 나타납니다. 장부가액도 6년 차부터 직선으로 0을 향해 줄어듭니다.

재무회계의 개별 논점

토지가 감가상각 대상에서 제외되는 이유

감가상각은 유형자산에 적용되지만, 그중에서도 몇 가지는 감가상각 대상에서 제외됩니다. 대표적인 예로 **토지**가 있습니다. 감가상각 대상에서 토지가 제외된다는 것은 비교적 잘 알려진 사실인데, 여기에는 이론적인 이유가 있습니다.

토지는 오랜 기간 사용하더라도 기본적으로 상태가 변하지 않으며, 가용 후에 다시 빈 땅으로 되돌리면 본래 상태로 돌아옵니다. 즉, 시간 경과나 사용으로 인해 가치가 떨어지지 않으므로 자산가치를 하락시킬 이론적 근거가 없는 것입니다. 영구적인 사용이 가능하므로 내용연수가 무한하다고 할 수 있으며, 내용연수가 무한한 자산은 감가상각비가 0이 되어 감가상각을 적용할 수 없습니다.

다소 생소할 수 있지만 **'건설 중인 자산'도 감가상각 제외 대상**입니다. 건설 중인 자산이란 기업 내에서 건설 중이거나 제작 중인 유형자산을 의미하며, 새로 짓고 있는 공장 등이 여기에 해당합니다. 건설 중인 자산은 완공 후 적절한 계정으로 대체됩니다. 예를 들어 공장이 완공되면 '건물'이라는 계정으로 변경됩니다.

건설 중인 자산이 감가상각 대상에서 제외되는 이유도 이론적으로 설명할 수 있습니다. 건설 중인 자산은 아직 완공되지 않았기 때문에 가동되지 않고, 따라서 수익에 공헌할 수 없습니다. 그러므로 수익비용대응의 원칙에 따라 비용으로 계상할 수 없는 것입니다.

이 원리를 이해하면 감가상각을 시작하는 시점도 이론적으로 판단할 수 있습니다. 예를 들어 회계연도 중간에 유형자산을 취득했다면 감가상각은 월부로 진행되는데, 이때 감가상각을 시작하는 시점이 문제가 됩니다.

5월에 구매해 대금 지급까지 마친 설비가 있다고 가정해봅시다. 이 설비는 반입과 설치에 시간이 소요되어 7월부터 가동을 시작했습니다. 그렇다면 감가상각은 언제부터 시작될까요? 답은 7월부터입니다. 이 또한 수익비용대응의 원칙에 따른 것이며, 수익에 공헌하기 시작하는 시점인 가동 시작 월부터 감가상각을 진행합니다.

중요한 것은 이러한 제도를 모두 외우는 것이 아니라, 핵심 원리와 원칙을 이해해서 예측하는 능력을 기르는 것입니다.

감가상각의 현금 유보 효과

감가상각이 경영 측면에서 중요한 이유 중 하나는 **현금을 사내에 유보하는 효과가 있기 때문**입니다. 그림 4-3을 보면 손익계산서(P/L)에 감가상각비라는 비용이 계상될 때, 실제 현금에는 변동이 없습니다. 즉, **비용으로 처리되지만 현금유출은 발생하지 않는 것입**

니다.

또한, 감가상각비는 **회계상 비용으로 처리되기 때문에 그만큼 이익이 감소하며, 이에 따라 세금도 절감됩니다.** 다시 말해 감가상각비는 비용이지만 현금유출을 수반하지 않고, **세금 절감** 효과가 있어 현금유출을 억제해줍니다. 감가상각비에 세율을 곱한 금액(= 감가상각비×세율)만큼 현금유출이 줄어드는 셈입니다.

이렇게 유보된 현금은 설비 갱신이나 새로운 설비투자 자금으로 활용될 수 있으므로, 감가상각을 통한 현금 유보 효과는 경영에 있어 매우 중요한 요소입니다.

정액법과 정률법, 어느 쪽이 더 유리한가?

감가상각의 방식으로 정액법과 정률법을 자유롭게 선택할 수 있다면 어느 쪽을 택하는 것이 유리할까요? **일반적인 경영 관점에서 보면 정률법이 더 바람직합니다.** 정률법을 사용하면 초기 단계에서 더 많은 현금이 사내에 유보되기 때문이며, 그만큼 회사에 더 큰 가치를 가져다줄 수 있기 때문입니다.

감가상각 총액은 정액법과 정률법 모두 내용연수를 통틀어 같은 금액이므로, 유보되는 전체 현금 총액에도 차이는 없습니다. 그러나 그림 4-4(a)에 나타냈듯이, 정률법은 내용연수 초기에 많은 감가상각비를 계상하기 때문에 조기에 많은 현금을 유보할 수 있습니다.

조기에 확보한 현금은 추가 수익을 창출하는 데 도움이 됩니다. 1년 후에 지급이 약속된 1,000만 원으로는 1년 동안 아무것도 할 수 없지만, 지금 가지고 있는 1,000만 원은 투자를 비롯한 다양한 방식으로 활용할 수 있습니다. 단순히 은행에 예치하는 것만으로도 이자 수익이 발생하기 때문에 조기에 현금을 확보할 수 있는 정률법이 경영적 측면에서 유리한 방식입니다.

다만 실제 경영에서는 이와 다른 판단이 내려지는 경우도 많습니다. 예를 들어 현금 유보보다 이익을 중시해야 하는 상황에서는 정액법이 더 적합할 수 있습니다. 그림 4-4(a)에 나타냈듯이, **내용연수 초기에는 정률법의 감가상각비가 크게 계상되어 이익이 줄어듭니다**. 이익이 적어지면 CEO가 주주나 언론의 비판을 받게 됩니다. 해당 시기에 재임 중인 CEO라면 이러한 상황을 피하고자 정액법을 선택할 수 있습니다.

내용연수 후반부로 갈수록 정률법의 감가상각비는 줄어들고 이익이 대폭 증가합니다. 초기 단계만을 고려하는 것은 근시안적일 수 있지만, 임기가 정해진 전문경영인이 재임 이후까지 고려한 장기적 관점을 유지하기란 쉽지 않습니다. 보통은 자신의 재임 기간을 무난하게 마치고 싶어 할 테니까요.

결국 장기적 관점을 가지는지가 통상적 경영 판단을 가능하게 하는 전제 조건이라고 할 수 있습니다.

자산의 손상차손
— 그 본질과 경영적 의의

손상차손이란?

손상차손이란 자산의 회수가능액이 장부가액보다 낮아졌을 때, 그 차액을 해당 회계연도의 손실로 처리하는 것을 말합니다.

여기에는 다소 복잡한 용어들이 많이 포함되어 있습니다. 먼저 '장부가액'이란 말 그대로 장부상에 기록된 금액을 의미합니다. 유형자산의 경우 취득원가에서 감가상각 누계액을 뺀 금액을 말하지만, 간단히 '회수해야 할 투자금의 잔액'으로 이해할 수 있습니다.

여기서 중요한 개념은 '회수가능액'입니다. 회수가능액이란 사용가치와 순공정가치(실제 거래가 이루어진 금액에서 부대비용을 차감한 가액) 중 더 큰 금액을 의미합니다. 이 역시 조금 어렵게 느껴질 수 있

재무회계의 개별 논점

겠지만, 차근차근 풀어가보겠습니다.

'가치'란 무엇인가?

회수가능액을 설명하기에 앞서 가치의 개념을 짚고 넘어가겠습니다. **가치를 평가할 때는 사용 목적을 분명히 해야 합니다.** 왜냐하면 가치는 사용 목적에 따라 달라지기 때문입니다.

지금 여기에 닭 한 마리가 있다고 가정해봅시다. 여러분은 이 닭을 얼마에 사실 건가요? 이 '얼마에 살 것인가'를 결정하는 것이 바로 가치 평가입니다.

만약 이 닭을 손에 넣은 후, 잡아서 고기, 깃털, 뼈로 나누어 각각 필요한 곳에 팔 계획이라면 고기, 깃털, 뼈를 판매해 얻을 수 있는 금액을 고려해 닭의 가격을 정하게 됩니다. 이 경우 닭을 환금성 있는 재화의 집합체로 보고 가치를 평가하는 것입니다.

한편, 이 닭이 달걀을 낳을 수 있다면 어떻게 될까요? 물론 여전히 잡아서 팔겠다는 사람도 있겠지만, 이 닭을 살려두고 많은 달걀을 낳게 하는 선택지도 있습니다. 이때는 낳은 달걀을 팔아 얻을 수 있는 금액을 고려해 닭의 가격을 정하게 됩니다. 이 경우 닭을 '달걀을 생산하는 장치'로 보고 가치를 평가하는 것입니다.

그림 4-5 사용가치는 향후 창출할 현금흐름의 현재가치

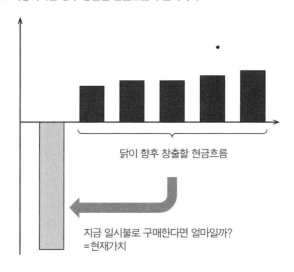

닭이 향후 창출할 현금흐름

지금 일시불로 구매한다면 얼마일까?
=현재가치

앞에서 예로든 첫 번째 가치는 닭을 잡아 팔기 위한 가치이므로 **매각가치**라 하고, 두 번째 가치는 닭에게 달걀을 낳게 해 사용하기 위한 가치이므로 **사용가치**라고 합니다.

매각가치는 자산을 판매했을 때 얻을 수 있는 금액으로 고기, 깃털, 뼈 등을 판매한 대가이고, 사용가치는 자산이 **향후 창출할 현금흐름의 현재가치**를 계산한 것입니다. 현재가치를 구하려면 다소 복잡한 계산이 필요하지만, 간단히 말해 '이 닭은 앞으로 일정 기간 달걀을 낳아 현금흐름을 창출한다. 이 닭을 지금 일시불로 산다

면 얼마일까?'라는 개념입니다(그림 4-5 참조).

결론적으로 자산의 가치는 그 사용 목적에 따라 매각가치와 사용가치로 나눌 수 있습니다.

손상차손의 본질은 투자 실패

손상차손의 이야기로 다시 돌아가봅시다. 앞서 회수가능액은 사용가치와 순공정가치 중 더 큰 금액이라고 설명했습니다. 이 두 가지가 자산의 가치를 평가하는 기준입니다. 사용가치는 자산을 사용함으로써 창출할 수 있는 가치이고, 순공정가치는 자산을 처분할 때의 가치를 나타냅니다. 여기서 '순'이란 처분 비용 등을 뺀 실제 매각액을 가리킵니다.

경제적 합리성에 따른 선택을 한다면 자산을 계속 사용하는 경우와 바로 처분하는 경우 중 더 큰 가치를 얻을 수 있는 쪽을 선택하게 됩니다. 따라서 이 금액이 자산의 '회수가능액'이 되는 것입니다. 이 회수가능액이 장부가액보다 낮아진다는 것은 어떤 상태를 의미할까요?

장부가액은 해당 시점에서 회수해야 할 투자 잔액을 의미합니다. 회수가능액이 장부가액보다 낮아진다는 것은 더 이상 투자금을 회수할 수 없다는 뜻이 되지요. 즉, **투자가 실패**한 것입니다.

처음에는 투자한 금액보다 미래의 현금흐름이 더 클 것이라고 예상했겠지만, 이러한 예상은 어디까지나 추정일 뿐입니다. 실제로 투자한 후에 예상이 빗나갈 수도 있습니다. 손상차손은 투자가 실패했다는 사실이 확인되었을 때, 이를 회계상 반영하는 절차입니다.

미래에 발생할 현금흐름의 순현재가치(사용가치)가 장부가액보다 낮다는 것은, 투자평가에서 활용되는 **순현재가치**(Net Present Value, NPV)가 마이너스임을 의미합니다. 이 또한 투자가 실패했음을 나타냅니다.

손상차손 반영을 자산의 시가평가로 오해하는 경우가 있지만, 이 둘은 엄연히 다릅니다. 시가평가는 평가 대상의 가치 상승과 하락을 모두 반영하는 반면, 손상차손은 가치가 하락한 경우에만 반영됩니다. 이와 같은 처리는 보수주의 원칙을 기반으로 합니다.

미쓰비시상사와 미쓰이물산의 역사적 적자

미쓰비시상사와 **미쓰이물산**은 2016년 3월 결산에서 처음으로 연결 기준 최종 적자를 기록했습니다. 이러한 사태는 두 회사가 연결 재무제표를 작성한 이래 처음 발생한 것으로, 자원 가격 하락으로 인해 무형자산인 사업권에 대규모 손상차손이 발생한 것이 원인이었습니다. 미쓰비시상사의 손실 금액은 약 4조 3,000억 원, 미쓰이물산의 손실 금액은 약 2조 6,000억 원에 달했습니다. 자원 가격 하락은 일본 내 모든 종합상사에 영향을 미쳐, 5대 상사의 손실 합계는 약 10조 원에 육박했습니다.

미쓰비시상사는 이러한 사태에 대응해 6월에 예정되어 있던 모든 임원의 상여 지급을 중단하고, 사장의 보수를 절반으로 줄였으며 자원 분야 담당의 임원 보수도 30% 삭감한다고 발표했습니다. 이 소식은 일본경제신문의 주요 기사로 보도되었고, 대형 상사가 첫 연결 직자를 기록했다는 사실을 심각하게 다루었습니다.

투자가 실패한 것은 사실입니다. 연결 기준 첫 적자이자 대규모 적자였으므로 경영진이 책임을 피하기도 어려웠습니다. 그러나 '최초의 연결 최종 적자'라는 자극적인 헤드라인을 붙일 만큼 심각한 문제였는지에 대해서는 의문이 남습니다.

우선 대규모 손상차손이 발생했다고 해서 경영에 치명적인 타격을 주는 것은 아닙니다. **손상차손 처리로 인해 회계상 큰 손실이 발생했더라도 새로운 현금유출은 일어나지 않습니다.** 현금유출은 투자 시점에 이미 완료되었고, 손상차손은 '이미 지출한 금액을 앞으로 회수할 가능성이 충분하지 않다는 사실을 인식'한 것입니다. 이러한 회수 불가 금액을 한꺼번에 손실로 계상하면서 큰 적자를 기록하게 된 것입니다.

또한, 손상차손을 반영함으로써 신속한 후속 조치를 할 수 있었다는 점도 의미가 큽니다. 당시 종합상사들의 전체 실적은 호조였지만 자원 비즈니스에 대한 의존도가 높다는 우려가 있었고, 실제로 시장 상황이 나빠지면서 그 우려가 현실이 되었습니다. 만약 손상차손을 고려하지 않았더라면, 투자금을 회수하지 못할 가능성을 파악하지 못한 채 문제가 더 커졌을지도 모릅니다. 손상차손이 경고등 역할을 해 투자 실패를 조기에 인식하게 되었고, 후속 조치의 계기를 마련한 셈입니다.

실제로 미쓰비시상사는 이듬해 초에 사업권 일부를 약 1,000억 원에 매각했고, 확보한 현금은 새로운 사업의 재원으로 활용했을 것입니다. 손실을 조기에 공개하고 적절한 조치를 신속하게 취할 수 있었던 것은 보수주의 원칙의 의도가 실현된 결과였습니다.

비즈니스는 실행하기 전까지 결과를 알 수 없으며, **리스크를 감수하지 않으면 수익도 기대할 수 없습니다.** 중요한 것은 실패를 제때 인식하고, 빠르게 대처하는 것입니다. 이러한 관점에서 보면, 임원 보수 삭감이 정말로 필요한 조치였는지에 대해서는 의문이 남습니다. 지나친 책임 추궁은 오히려 득보다 실이 클 수도 있기 때문입니다.

재무회계의 개별 논점

영업권
─ 결혼한 이유를 묻는 것과 같은 것

영업권은 M&A에서 발생한다

영업권이 무엇인지 이해하기 위해서는 먼저 **M&A**에 대해 알아야 합니다. M&A는 Mergers & Acquisitions의 약자로, 여기서 merger는 **합병**, acquisition은 **인수**를 의미합니다. 합병은 여러 회사를 하나로 통합하는 것을 뜻하고, 인수는 주로 주식 매입을 통해 회사의 소유권을 획득하는 것입니다.

M&A는 **기업재편, 조직재편, 기업결합** 등으로도 불리며, 언론에서는 경영통합이라는 표현을 사용하기도 합니다. M&A는 그림 4-6에 나타냈듯이, **한 회사가 다른 회사의 전부 또는 일부를 매입하는 것**을 말합니다.

그림 4-6 M&A의 기본

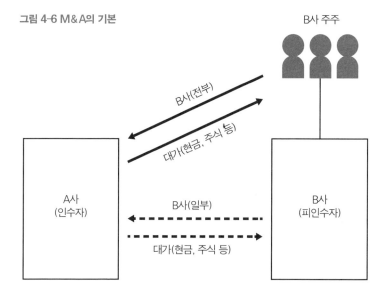

그림 4-7 M&A의 구조

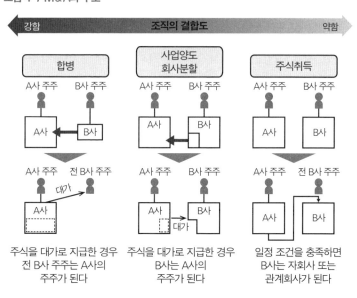

재무회계의 개별 논점

예를 들어 A사가 B사를 전부 매입하고자 할 때, 회사는 주주의 소유이므로 A사는 B사의 주주들에게서 주식을 매입하고 그 대가를 지급합니다. 지급 방식은 현금 또는 A사의 주식이 기본이며, 주식을 지급하는 경우 A사는 보통 **신주를 발행**합니다. 이러한 방식의 매입이 **합병**입니다.

반대로 A사가 B사의 일부 사업부만을 매입할 경우, 해당 사업부는 B사의 자산이므로 A사는 B사에게서 그 사업부를 직접 매입하는 대가로 현금 또는 A사의 주식을 지급합니다. 이러한 방식은 **사업양도** 또는 **회사분할**로 분류됩니다.

회사의 조직 전체가 아닌 주식만을 매입해 지배권을 확보하는 방법도 있습니다. 조직 자체를 매입하지 않고 지배권을 사들이는 것입니다. 이러한 방식을 **주식취득**이라고 합니다. 일정 조건을 충족하면 해당 기업은 자회사가 되며, 자회사가 되면 연결재무제표상에서 단일 회사로 취급합니다.

그림 4-7에 정리했듯이 M&A는 조직의 결합 정도에 따라 크게 세 가지로 구분할 수 있습니다.

영업권이란 구매자가 느낀 주관적인 매력

M&A는 한 기업이 다른 기업의 조직을 인수하는 행위입니다. 하지만 회계적으로 매매 대상이 될 수 있는 것은 재무제표에 명시된 자산과 부채와 같은 실질적인 재산에 한정됩니다. 따라서 M&A 과정에서는 조직의 '재산목록'이라 할 수 있는 재무상태표의 자산과 부채를 사고파는 방식으로 처리합니다. 인수 대상이 회사 전체라면 회사 전체의 재무상태표가 대상이 되고, 일부 부문만 인수한다면 부문별 재무상태표가 필요합니다. 부문별 재무상태표가 준비되지 않았다면 별도로 작성해야 합니다.

그림 4-8을 보면서 자산 1,500, 부채 1,000을 가진 회사와 합병

그림 4-8 영업권

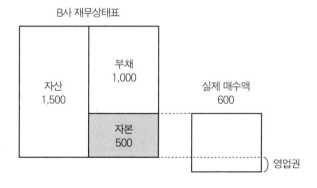

재무회계의 개별 논점

을 진행하는 경우를 생각해봅시다. 이때 **자산**에서 **부채**를 뺀 **자본** 500이 이 회사가 가진 회계상의 가치입니다. 하지만 이 회계상의 가치 그대로 회사를 매입하는 경우는 거의 없습니다. 보통 이보다 높은 금액에 매입하게 되는데, 이는 회사의 상품 개발력, 브랜드가치, 직원의 역량, 기업문화 등 무형의 매력 요소가 회계정보에 모두 반영되지 않기 때문입니다.

구매자는 이러한 무형의 매력 요소를 고려해 회계상 가치보다 높은 금액으로 회사를 매입하게 됩니다. 이때 회계상의 가치를 초과한 금액을 '**영업권**'이라고 부릅니다. 교과서적으로는 영업권을 '**초과수익력**'이라고 부르기도 하는데, 이는 '해당 기업이 추가적인 수익을 창출할 것으로 기대되는 힘'을 의미합니다. 쉽게 말해 '**구매자가 그 기업에 대해 느낀 주관적인 매력**'이라 할 수 있습니다.

일본에서 영업권을 가리키는 말인 '노렌(のれん)'은 가게 입구에 내거는 천에서 유래했습니다. 종업원이 독립해 가게를 차리는 것을 '노렌와케(のれん分け, 노렌을 나눈다)'라고 하는데, 이는 기존 상호나 브랜드명 사용을 허락하는 것을 말합니다. 제삼자에게는 그저 천 조각에 불과하지만, 새로 창업하는 당사자에게는 주관적인 무형의 가치가 있습니다.

M&A는 기업 간의 결혼과도 같습니다. 누구나 결혼할 때 '대기업에 다니니까' 혹은 '연봉이 높아서'라는 객관적인 이유만으로 결

혼을 결정하지 않습니다. 이러한 객관적인 이유는 재무제표에 명시된 회계정보에 해당합니다. 하지만 결혼을 결심한 이유를 물으면 사람들은 종종 '왠지 이 사람에게는 특별한 매력이 느껴져서'라고 답하곤 합니다. 이처럼 말로 설명하기 어려운 매력이 바로 영업권입니다.

영업권의 회계 처리

영업권은 M&A 과정에서 미래의 현금 증가를 기대해 지출한 것으로, 일종의 자산으로 볼 수 있습니다. 그러나 물리적 형태가 없기 때문에 **무형자산**으로 분류됩니다.

예외적으로 기업의 순자산가치보다 낮은 금액으로 매입하는 경우가 있습니다. 이때 순자산가치와 인수 금액의 차액을 '**부의 영업권**'이라고 부릅니다. 이는 하자 상품을 할인된 금액에 구매하는 것과 비슷한 상황이며, **특별이익으로서 손익계산서에 반영**합니다.[1]

일반적인 영업권 회계 처리에 관한 이야기로 돌아가보겠습니다. 영업권은 무형자산으로 계상되지만, 그 후의 처리 방식은 일반적

---

1 IFRS에서는 특별이익을 구분하지 않으므로 영업외수익에 포함한다. (지은이)

인 기업회계기준과 IFRS에 따라 달라집니다. **기업회계기준에서는 영업권을 무형자산으로 계상한 후 최대 20년 이내에 상각**하도록 규정하고 있습니다. 반면에 **IFRS에서는 상각하지 않고 매년 엄격한 손상 검사를 하는 방식**을 따릅니다. 영업권의 상각 여부는 기업회계기준과 IFRS의 대표적인 차이점이지만, 실제로는 영업권에 대한 문제의식을 공유하고 있으며 그에 따른 처리 방식만 다를 뿐입니다.

여기서 말하는 문제의식이란 영업권이 **자산으로서 가진 불확실성**에 있습니다. 자산이란 미래에 현금을 창출할 잠재력을 의미합니다. 영업권은 미래에 발생할 현금흐름을 기대해 매입한 것이지만, 이는 어디까지나 주관적인 추측에 불과합니다. 실제로 현금이 증가할 수도 있지만, 예상이 빗나갈 가능성도 있습니다. 이처럼 영업권은 자산으로서 불확실하기에 기업회계기준과 IFRS는 각기 다른 접근 방식을 선택한 것입니다. 기업회계기준은 불확실한 자산을 계속 보유하는 것이 불건전하다고 판단해 최대 20년 이내에 자동으로 소멸시키는 상각을 선택했습니다. 반면에 원칙을 중시하는 IFRS는 영업권이 수익에 어떻게 공헌하는지 불명확하므로 상각하지 않고, 매년 손상 여부를 엄격하게 검토하는 방식을 선택한 것입니다.

IFRS에서는 영업권을 기계적으로 상각하지 않는 대신, 매년 '해당 M&A가 정말 의미 있는 투자였는가?'를 평가하도록 요구합니다. 실제로 가치가 없다고 판단되면 즉시 손상차손으로서 손익계산서에 계상하는 것입니다. 경영관리상으로는 유의미한 점검 방식이라 할 수 있습니다.

기업회계기준에서도 영업권은 손상차손 검토 대상이지만, 상각으로 인해 저절로 감소하기 때문에 손상 여부에 대한 평가 기준이 IFRS보다 완화되어 있습니다.

일본 언론에서는 M&A를 비중 있게 다루지만, 이후의 성과를 점검하는 경우는 거의 없습니다. 이러한 경향은 회계기준의 차이에서 기인한 것일지도 모릅니다.

다만, IFRS에도 문제가 있습니다. **손상 여부를 기업이 스스로 판단해야 하는 탓에 손상차손 반영이 지연될 수 있다는 점**입니다. 손상차손의 발생은 보통 대규모 손실을 의미하므로, 기업으로서는 반영을 미루고자 하는 것입니다.

손상차손의 본래 취지는 부정적인 정보를 빠르게 공개해 적절한 대응을 유도하기 위한 것이지만, 반영이 늦어지면 오히려 부정적인 효과가 발생할 수 있습니다. 이러한 문제를 해결하기 위해 IFRS에서도 영업권을 일부 상각하는 방안이 논의되었으나, 영업권은 상각하지 않기로 2022년 11월에 최종 결정되었습니다.

순식간에 자본잠식에 빠진 도시바

2016년 12월, **도시바**는 약 5조 원의 손실을 기록하며 자본잠식에 빠졌습니다. 도시바의 미국 자회사가 인수합병을 하는 과정에서 발생한 영업권의 대규모 **손상차손**이 원인이었고, 그 손실 금액은 무려 6조 2,000억 원에 달했습니다.

다수의 언론이 '인수한 회사가 거액의 손실을 기록했고, 그 때문에 영업권에 막대한 손상이 발생했다'고 보도했지만, 실제로는 그렇게 단순한 문제가 아니었습니다. 인수는 2015년 12월에 진행되었고, 당시 도시바가 발표한 영업권 금액은 약 1,050억 원이었습니다. 만약 이 금액 전부를 손상차손으로 처리하더라도 6조 2,000억 원에 달하는 손실이 발생할 수는 없었을 것입니다.

이처럼 막대한 손실이 발생한 이유는 영업권이 초기의 1,050억 원에서 6조 2,000억 원으로 대폭 수정되었기 때문입니다. 인수 당시 발표된 영업권 금액은 잠정적인 수치였습니다. 약 1년에 걸친 재평가를 통해 영업권이 6조 2,000억 원 이상으로 확정되었고, 그 전액이 손상차손으로 처리된 것입니다. 제도상 영업권의 금액 확정에 시간이 걸릴 수는 있지만, 이처럼 금액이 대폭 증가한 것은 매우 이례적인 사례입니다.

왜 이렇게 큰 규모의 수정이 발생한 것일까요? **영업권이란 인수**

금액이 인수 대상 기업의 순자산가치를 초과한 금액을 말합니다. 인수 금액은 확정된 거래이기 때문에 변동되지 않으며, 수정된 것은 인수한 기업의 순자산가치뿐이었습니다. 즉, 인수 대상 기업의 결산이 대폭 수정된 것입니다.

일반적으로 인수 시에는 '**기업 실사**(Due Diligence)'라 불리는 통상적인 감사보다 더 세밀하고 다각적인 검토가 이루어지지만, 이 경우에는 충분한 검토가 진행되지 않았을 가능성이 큽니다. 해외 자회사가 주도한 인수라는 점을 고려하더라도 너무나 허술하게 진행된 사례였습니다.

이 손상차손으로 인해 도시바는 **자본잠식**에 빠졌습니다. 자본잠식이란 자산보다 부채가 더 커지면서 자본이 마이너스가 되는 상태를 뜻합니다. 자본이 잠식되었다고 해서 곧바로 회사가 도산하는 것은 아니지만, 신용등급이 하락해 은행에서 자금을 융통하기 어려워집니다. 정상적인 은행이라면 기존 대출금의 상환을 요구하기 때문에 자금난이 발생하고, 도산으로 이어질 가능성이 커지는 것입니다.

또한, **상장기업의 경우 1년 이내에 자본잠식을 해소하지 못하면 상장폐지 사유에 해당**합니다. 상장폐지가 되면 주식시장을 통한 자금조달 경로가 차단되어 도산할 위험이 더욱 커집니다.

당시 도시바는 주력 사업이었던 메모리 부문까지 매각해 상장폐

재무회계의 개별 논점

지를 피하려고 했지만, 이후 자진해 상장폐지를 검토하는 등 혼란
을 거듭하게 되었습니다.

충당금
─ "너는 이미 죽어 있다"

충당금이란?

그림 4-9는 전자제품 판매점 야마다 전기를 운영하는 **야마다 홀딩스**의 연결재무상태표입니다. 굵은 글씨로 표시했듯이 재무상태표에는 여러 종류의 **충당금**이 있습니다. **대손충당금만 왼쪽 자산 항목에 마이너스(△)로 계상**되어 있고, **나머지 충당금은 모두 부채 항목에 포함**되어 있습니다.

충당금은 회계상 아래 네 가지 요건을 모두 충족할 때 계상됩니다.

① 미래의 비용
② 발생 원인이 당기 이전에 이미 존재

그림 4-9 주식회사 야마다 홀딩스의 연결재무상태표(2022년 3월)

(단위: 천만 원)　　　　　　　　　　　　　　　　(단위: 천만 원)

자산		부채	
유동자산		유동부채	
현금 및 현금성자산	57,184	외상매입금 및 지급어음	94,564
수취어음	4,647	단기차입금	60,755
매출채권	68,753	…	…
상품 및 제품	356,043	**상여충당금**	12,062
…	…	…	
기타	78,824	유동부채 합계	391,688
대손충당금	△1,622	비유동부채	
유동자산 합계	621,279	장기차입금	111,111
비유동자산		…	…
…	…	**임원퇴직위로충당금**	796
		품질보증충당금	1,675
		…	…
		비유동부채 합계	203,701
		부채 총계	595,390
		자본	
		…	…
자산 총계	1,271,668	부채 및 자본 총계	1,271,668

③ 비용이 발생할 가능성이 높음

④ 비용 금액을 합리적으로 추정할 수 있음

　충당금의 구체적인 회계 처리는 **예상 비용을 당기 비용으로 반영하고, 동일 금액을 부채로 계상**하는 것입니다. 위 네 가지 요건 중 핵심은 첫 번째와 두 번째 요건입니다.

　첫 번째 요건인 '미래의 비용'은 아직 실제로 비용이 발생하지 않았음을 뜻합니다. 그러나 두 번째 요건은 원인이 이미 발생했다면, 아직 발생하지 않은 비용이라도 비용으로 계상해야 한다는 의미입니다. 세 번째와 네 번째 요건은 자의성을 배제하기 위한 조건입니다. 원인이 발생했다고 해서 무조건 비용을 계상할 수는 없으므로, 비용 발생 가능성이 크고 금액을 합리적으로 추정할 수 있어야 합니다. 이는 기업의 자의적 처리를 방지하기 위한 장치입니다.

그림 4-9에 등장한 충당금을 위에서 소개한 네 가지 요건에 맞추어 자세히 살펴보겠습니다.

상여충당금은 다음 회기에 지급할 예정인 상여금입니다. 상여금은 다음 회기에 지급되지만, 당기 하반기의 실적이나 직원 평가에 따라 금액이 결정되므로 원인은 이미 당기 중에 발생한 것으로 볼 수 있습니다. 따라서 상여충당금은 당기 비용으로 반영됩니다. 상여충당금은 1년 이내에 지급되므로 **유동부채에 계상**됩니다.

임원퇴직위로충당금은 임원의 퇴직금에 관련된 충당금입니다. 실제로는 해당 임원이 퇴직하는 시점에 지급하지만, 근무에 따라 지급이 결정되므로 그 원인이 발생한 당기에 비용으로 계상합니다. 임원퇴직위로충당금은 보통 수년 후에 지급되므로 **비유동부채에 계상**됩니다.

품질보증충당금은 상품 판매 시 제공되는 보증에 대한 충당금입니다. 향후 제품에 문제가 생기면 회사가 수리 비용을 부담하게 됩니다. 문제는 미래에 일어나더라도 원인은 품질보증을 제공한 판매 시점에 발생한 것입니다. 따라서 판매 시점에 비용으로 반영합니다. 야마다 전기는 2년 또는 4년의 품질보증을 제공하므로 품질보증충당금은 **비유동부채에 계상**합니다.

대손충당금은 매출채권 중 고객의 지급불능으로 회수되지 않을 가능성이 큰 금액을 의미합니다. 실제로 손실이 발생하는 것은 고객이 지급불능 상태가 되었을 때이지만, 예를 들어 법인 고객이라면 경영 악화 등 지급불능의 원인이 이미 발생한 시기에 **비용으로 계상**합니다. 대손충당금은 부채가 아닌 자산에 마이너스로 계상됩니다. 이는 매출채권이나 어음과 같은 유동자산에서 대손충당금을 차감해 단기간에 회수할 수 있는 유동자산 금액을 표시하기 위함입니다.

충당금의 이론적 근거

충당금은 아직 실제로 발생하지 않은 비용을 미리 계상해두는 회계 처리입니다. 다소 생소하게 느껴질 수 있는 개념이지만, 충당금의 이론적 근거는 주요 세 가지 원칙을 기반으로 합니다.

첫 번째 근거는 발생주의입니다. 발생주의란 '수익과 비용은 현금의 수입과 지출이 발생한 시점이 아니라, 그 발생 사실에 근거해 인식한다'라는 원칙입니다. 여기서 수익과 비용은 손익계산서상의 정보이며, 수입과 지출은 실제 현금흐름을 의미합니다. 비용이 발생해 실제 현금이 유출되는 시점은 미래일지라도, 그 원인이 이미 발생했다면 해당 시점에 비용으로 인식하는 것이 타당하다는 논리입니다.

두 번째 근거는 수익비용대응의 원칙입니다. 수익비용대응의 원칙이란 '비용은 수익을 창출하기 위해 발생한 경제적 희생이므로, 수익과 수익 창출에 공헌한 비용을 대응시켜 계상해야 한다'라는 원칙입니다. 예를 들어, 상여충당금의 책정 근거가 된 각 직원의 하반기 업무 성과는 이미 해당 기간의 수익 창출에 공헌한 것으로 보아야 합니다. 따라서 이 비용은 그에 대응하는 수익이 인식되는 시점에 계상해야 합니다.

세 번째 근거는 보수주의 원칙입니다. 이 원칙은 '부정적인 소식일수록 조기에 적극적으로 공개해야 한다'라는 개념으로, 충당금의 본질에 가장 잘 부합합니다. 미래에 발생할 가능성이 큰 비용이라는 '나쁜 소식'이 예측된다면, 미리 비용으로 계상해 기업이 대비할 수 있도록 경고하는 것이 바람직하다는 뜻입니다.

만화《북두의 권》에 "넌 이미 죽어 있다"라는 유명한 대사가 있습니다. '이미 죽어 있다면 죽은 걸로 치자'라는 것이지요. 충당금

재무회계의 개별 논점

이라는 개념도 이와 비슷합니다. 이미 문제가 발생했거나 발생할 가능성이 크다면 이를 실질적으로 반영해 미리 대비할 필요가 있다는 것입니다.

'미래를 위한 대비'로서 충당금

충당금을 '미래를 위한 대비'로 인식하는 경우가 있습니다. 미래를 위한 대비란 무엇을 의미할까요?

예상되는 비용을 충당금으로 미리 계상해두면 일종의 경고등 역할을 할 수 있습니다. 그러나 단순히 부정적인 정보를 일찍 알게 된다고 해서 구체적인 대비책이 마련되는 것은 아닙니다. '대비'는 보통 자금을 미리 준비해두는 것을 의미합니다. 예를 들어 '노후 대비'라 하면 퇴직 후에도 생활할 수 있도록 자금을 마련한다는 뜻이지요. 충당금 역시 미래에 대비하기 위한 자금 준비입니다.

충당금은 미래에 발생할 비용을 미리 계상하는 것이지만, 실제로 현금이 유출된 것은 아닙니다. 그러나 회계상 비용으로 반영함으로써 순이익이 줄어들게 되고, 법인세와 배당으로 인한 현금유출을 억제하는 효과가 있습니다. 이에 따라 **회사 내부에 현금을 유보하는 결과**를 낳는 것입니다. 이러한 원리는 4-2에서 설명했던 감가상각에 의한 현금 유보 효과와 같습니다. 둘 다 회계상 비용으로 인식되지만, 실제 현금유출을 동반하지 않는다는 공통점이 있습니다. 충당금은 이러한 자금 유보 효과 때문에 '미래를 위한 대비'라고 여겨지는 것입니다.

다만, 세법에는 무분별한 충당금 설정으로 인한 세액 조정을 방지하는 규정이 있으므로 주의가 필요합니다. 또한 충당금을 설정하면 배당으로 인한 현금유출을 억제하는 효과가 있지만, 배당 정책은 회사의 방침에 따라 조정이 가능합니다. 그러므로 충당금을 설정하지 않아도 충분히 현금유출을 막을 수 있습니다. 자금 대비를 위한 충당금의 역할은 과거에 비해 다소 축소된 상황입니다.

― COLUMN ―

충당금 기준 강화의 계기가 된 부실채권 문제

앞서 충당금은 네 가지 요건을 모두 충족할 때 계상한다고 설명했습니다. 이는 **요건을 충족했다면 '반드시' 계상해야 한다는 뜻**입니다. 요건을 충족했음에도 불구하고 충당금을 설정하지 않으면, 실제보다 비용이 적게 반영되어 이익이 과대계상됩니다. 이러한 처리는 명백한 분식회계이므로, 충당금 설정 여부는 감사 과정에서 엄격하게 평가됩니다.

과거에는 충당금에 대한 감사 기준이 그다지 엄격하지 않았지만, 1990년대 초 일본의 거품경제 붕괴와 그로 인한 **금융기관의 부실채권 문제**가 충당금 기준 강화의 계기가 되었습니다.

부실채권이란 은행이 대출한 자금 중 회수 가능성이 작아진 것을 말합니다. 거품경제 당시 부실채권 문제는 일본 경제 전체에 큰 영향을 미쳤습니다. 일본 부동산 시장에서는 땅과 맨션을 비롯한 부동산 가격이 계속해서 오를 것이라 예상되었고, 사람들은 과감히 대출을 받아서 부동산을 매입했습니다. 은행 역시 부동산의 담보가치 상승을 기대해 무리하게 대출을 확대했습니다.

그러나 부동산 가격이 무한정 오를 리가 없었고, 결국 가격이 하락하기 시작했습니다. 냉정하게 생각해보면 누구나 예상할 수 있는 일이지요. 하지만 그 사실을 아무도 깨닫지 못할 만큼 거품경제 시기는 광란의 시대였던 것입니다. 대출금 상환 가능성은 급격히 낮아졌으며, 담보로 제공된 부동산 가치도 대폭 하락하면서 대부분의 대출금이 사실상 회수가 불가능해졌습니다. 그 금액은 한 은행당 조 단위에 이를 정도로 부풀어 올랐고, 이것이 부실채권 문제의 핵심이었습니다.

부실채권 문제를 해결하기 위한 첫 번째 단계는 부실자산을 명확히 인식하는 것이었습니다. 문제를 명확하게 인식하지 않으면 해결책도 마련될 수 없기 때문입니다. **회계적 관점에서는 적절한 대손충당금을 설정하는 것이 부실채권 문제를 해결하기 위한 첫걸음**이었습니다.

그러나 부실채권의 규모가 조 단위로 커지면서, 대손충당금을 설정하면 조 단위의 추가 비용 발생이 예상되었습니다. 거품경제 붕괴 후, 이미 적자를 겪고 있던 은행들은 대손충당금 설정에 소극적이었습니다. 이러한 상황이 지속되면서 대손충당금의 설정 기준이 강화되었고, 감사법인의 감사도 대폭 엄격해지게 되었습니다.

재무회계의 개별 논점

✓ **재고자산**은 원재료, 재공품, 제품, 상품 등으로 분류되며 흔히 **재고**라고 불린다.

✓ **매출원가**는 말 그대로 '매출의 원가'로서 판매된 상품의 원가를 의미하며, 매입 금액을 가리키는 것이 아니다. 매출원가의 이론적 근거는 수익비용 대응의 원칙에 있다. 비용은 상품이 판매되어 외부로 나가는 시점, 즉 기업의 '출구'에서 인식되는 것이라고 이해하면 된다.

✓ **과잉재고**는 현금흐름을 악화시키지만, 재고 부족은 기회손실로 이어질 수 있다.

✓ 설비 등의 유형자산을 취득할 때는 취득원가(=구매가격+부대비용)를 재무상 태표에 자산으로 계상하고, 이후 예상 사용 기간(**내용연수**)에 걸쳐 취득원 가를 비용(**감가상각비**)으로 분할 계상한다. 이 절차를 감가상각이라고 하며, 수익비용대응의 원칙에 기초한다.

✓ 감가상각의 대표적인 방법으로는 **정액법**과 **정률법**이 있다.

✓ 감가상각비는 비용으로 인정되지만 실제 현금유출은 발생하지 않으며, **절 세 효과**가 있어 사내에 현금을 유보할 수 있다.

✔ **M&A**는 회사의 전체 또는 일부를 매입하는 것으로, 재무상태표상의 자산과 부채를 사고파는 방식으로 처리한다. 매입 금액이 재무상태표상의 순자산가치를 초과하는 부분을 **영업권**이라고 하며, 무형자산으로 계상한다. 기업회계기준에서는 영업권을 20년 이내에 상각하도록 규정하고 있으나, IFRS는 상각하지 않고 매년 손상 여부를 엄격히 검토하는 방식을 따르고 있다.

✔ **충당금**은 미래에 발생할 가능성이 큰 비용을 그 원인이 발생한 시기에 미리 비용으로 계상하는 회계 처리를 뜻한다. 대표적으로 상여충당금이나 대손충당금이 있으며, 충당금의 이론적 근거 중에 가장 알기 쉬운 것이 보수주의 원칙이다.

재무회계의 개별 논점

경영분석을
위한
재무지표

ACCOUNTING

경영분석의
접근법

지금까지 재무제표(결산서)가 어떻게 구성되는지를 살펴보았습니다. 구조를 이해하게 되면 재무제표에 기재된 항목들의 의미를 파악할 수는 있지만, 그 회사의 실적이 우수한지 아닌지를 판단할 수 있는 것은 아닙니다. 회사의 경영 상태를 분석적으로 파악하고 평가하려면 **재무지표**라는 도구가 필요합니다. 이번 장에서는 경영분석에 꼭 필요한 몇 가지 재무지표를 알아보겠습니다.

경영분석은 주로 **수익성**과 **안정성**의 측면에서 접근합니다. 수익성과 안정성은 자주 쓰이는 용어이지만, 그 의미를 정확히 이해하고 쓰는 경우는 의외로 많지 않습니다. 여기서 각각의 의미를 짚고 넘어가겠습니다.

수익성이란 기업이 벌어들일 수 있는 수준을 의미합니다. 이 말은 즉, 기업이 창출한 이익의 크기를 말하며 **이익의 정도**라고 할 수 있습니다. 136쪽에서 설명한 것처럼 '수익'과 '이익'은 엄밀히 다른 개념이므로 정확히는 '이익성'이라고 해야 하지만, 흔히 수익 성이라는 표현이 널리 사용되고 있습니다. 참고로 수익성은 영어로 **profitability**라고 합니다. 이는 profit(이익)에 대응하는 용어이 므로, 수익성은 사실 이익성으로 써야 옳다는 것을 알 수 있습니다.

한편, 안정성은 본래 **'도산 위험에 대한 안전성'**을 의미합니다. 도산이란 현금이 바닥난 상황이므로 안정성은 현금 지급 능력을 가리킵니다. 이익이 나고 있더라도 현금이 부족해 도산하는 경우 가 있습니다. 이러한 도산을 **흑자도산**이라고 하며, 실제로 빈번하 게 발생합니다. 반대로, 이익이 나지 않더라도 현금을 지원해줄 대 상이 있다면 회사는 도산하지 않습니다. 여기서 현금을 지원해주 는 대표적인 기관이 바로 은행입니다. 그러나 부도의 방아쇠를 당 기는 주체도 대개 은행입니다. 더 이상의 대출은 어렵다고 판단한 은행이 대출을 중단하면, 현금이 부족해져서 도산하는 것이 도산 의 전형적인 패턴 중 하나입니다.

이익과 현금은 서로 다른 개념이므로 수익성이 높다고 해서 반 드시 안정성이 높은 것은 아닙니다. 그렇기에 경영분석에서는 수 익성과 안정성이라는 두 가지 관점에서 회사를 평가할 필요가 있 는 것입니다.

ROE
— 여러모로 중시되는 지표

ROE는 주주의 관점에서 본 수익성 지표

$$ROE = \frac{당기순이익}{자기자본} \times 100(\%) \qquad (식\ 5\text{-}1)$$

ROE는 Return On Equity의 약자로, **자기자본이익률**이라고
도 부르며 계산식은 식 5-1과 같습니다. 여기서 말하는 **자기자본**
이란 '상환의무가 없는 자본(=자본금)'을 의미하며, 구체적으로는 **순
자산**을 가리킵니다. 참고로 실무에서는 자주 쓰이지 않지만, 자기
자본과 대비되는 개념으로 **타인자본**이 있습니다. 타인자본이란 상
환이 필요한 자본, 즉 부채를 의미합니다.

경영분석을 위한 재무지표

ROE는 예전부터 주목받아온 지표였지만, 최근 들어 그 중요성이 더욱 강조되고 있습니다. 일본 기업의 ROE가 유럽과 미국 기업에 비해 낮다는 지적이 꾸준히 제기되었기 때문입니다. 특히 '이토 보고서'가 큰 변화를 불러오는 계기가 되었습니다. 이 보고서는 2014년 8월 당시 일본 히토쓰바시대학교 대학원 상학연구과 이토 구니오 교수가 좌장을 맡아 경제산업성이 발표한 보고서로, '기업은 최저 8% 이상의 ROE를 달성해야 한다'라고 제언한 것입니다.

ROE는 주주의 관점에서 본 수익성 지표입니다. 이 점을 알고 있으면 식 5-1의 의미도 쉽게 이해할 수 있습니다. 주주 관점의 수익성이란, 주주가 투입한 자본에 대해 얼마나 많은 이익이 돌아오는지를 의미합니다. 따라서 분모에는 주주에게 귀속되는 자본인 자기자본을 대입합니다. 반면에 분자에는 주주에게 돌아가는 이익인 당기순이익을 대입합니다. 당기순이익은 배당의 형태로 주주에게 환원되기 때문입니다.

ROE가 주주 관점의 수익성을 나타낸다는 점을 이해하면, 'ROE를 중시하라'라는 메시지에 담긴 의도도 파악할 수 있습니다. 이 말은 주주를 더 중시하라는 뜻입니다. 주주는 기업의 소유자임에도 불구하고, 전반적으로 주주에게 돌아가는 이익률이 낮다는 것이 ROE 중시의 배경에 깔린 문제의식입니다.

ROE뿐만 아니라 재무지표의 공식을 무작정 외우는 것은 도움이 되지 않습니다. 지표의 본래 의미를 이해하고, 분모와 분자는 왜 그렇게 구성되는지 원리를 이해하는 것이 중요합니다.

사회적으로 ROE를 중시하는 경향이 강하지만, 그렇다고 ROE 가 모든 기업에 똑같이 중요한 것은 아닙니다. 비상장기업이라면 ROE의 중요성은 상대적으로 낮을 수 있습니다. 비상장기업은 주 식 매각이 쉽지 않기 때문에 주가 상승에 따른 이익을 기대하기 어 렵고, 배당을 거의 하지 않는 기업도 많습니다. 이러한 기업의 경우 '주주 관점의 수익성'을 분석하는 것은 큰 의미가 없습니다.

그러므로 다른 기업들에 발맞춰서 ROE를 중시하자는 식의 접근 은 의미가 없습니다. 지표의 의미를 깊이 이해하고 스스로 판단할 수 있는 역량을 갖추는 것이 중요합니다.

ROE를 높이려면 ROA를 먼저 높여야 한다

재무지표를 계산하고 수치를 확인하는 것만으로는 큰 의미가 없습 니다. 다른 기업과 비교해 우열을 파악하고, 그 원인을 분석해 개선 방향을 찾고자 할 때 재무분석의 가치가 드러납니다.

ROE의 원인을 분석할 때 흔히 쓰이는 방법은 ROE를 식 5-2처 럼 분해하는 것입니다. 식 5-2에서 첫 번째 식의 분모에 등장하는

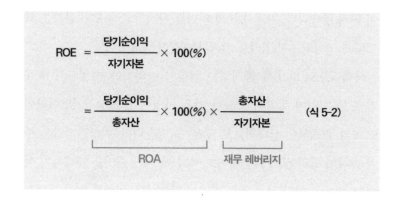

$$ROE = \frac{당기순이익}{자기자본} \times 100(\%)$$

$$= \underbrace{\frac{당기순이익}{총자산} \times 100(\%)}_{ROA} \times \underbrace{\frac{총자산}{자기자본}}_{재무\ 레버리지} \qquad (식 5-2)$$

총자산은 '기업의 총자산 규모'를 의미하며, 구체적으로는 재무상태표의 자산 총액을 가리킵니다.

이 식을 뒤에서부터 읽으면, 그림 5-1과 같은 순서로 보고 있음을 알 수 있습니다. '**주주가 투입한 자본이 채권자의 도움을 받아 총자산으로 확장되었고, 그 자산이 얼마만큼의 이익을 창출했는가**'를 보는 것입니다. 여기서 식 5-2의 첫 번째 부분을 **ROA**(Return On Assets), **총자산이익률**이라 하고, 두 번째 부분을 **재무 레버리지**라고 합니다. ROA는 '**총자산이라는 자원으로 얼마만큼의 이익을 창출했는가**'를 나타내는 가장 포괄적인 수익성 지표입니다.

ROE가 주주라는 특정 이해관계자의 관점에서 바라본 수익성 지표였다면, ROA는 특정 이해관계자를 전제로 하지 않고 기업 자체의 중립적인 수익성을 나타내는 지표입니다. 즉, 식 5-2가 의미

그림 5-1 ROE의 분해

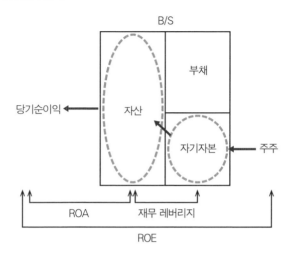

하는 바는 **ROE가 주주라는 특정 이해관계자의 관점에서 본 수익성이지만, 결국에는 기업 자체의 수익성(ROA)에 의존한다**는 것입니다. 이는 어쩌면 당연한 이야기입니다. 누구의 관점에서 보더라도 우선은 기업의 수익성이 뒷받침되어야 하는 것이기 때문입니다.

레버리지라는 '지렛대'를 활용하라

ROA가 같을 때 의미가 있는 것이 식 5-2 두 번째 항목인 재무 레버리지입니다. 그림 5-1에서 알 수 있듯이, **재무 레버리지는 총자산이 자기자본의 몇 배인지를 나타내는 비율**입니다. 부채비율이 높아질수록 재무 레버리지도 증가하며, ROE도 함께 상승하게 됩니다. 쉽게 말해, **부채를 늘리는 것이 ROE 향상에 유리**하다는 것입니다.

수식적으로는 맞는 말이지만, 부채를 늘리는 것이 왜 유리한지 이해하기 어려울 수 있습니다. 이 개념을 이해하기 위해 먼저 알아야 할 것은 '**주주가 어떤 식으로 자금을 투입하든, 회사가 창출한 당기순이익은 전적으로 주주의 몫**'이라는 점입니다(그림 5-2 참조).

그림 5-2 이익은 모두 주주의 몫

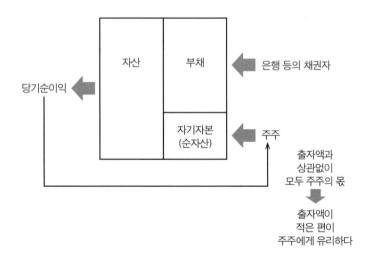

CHAPTER 5

이 원리에 따르면, '주주는 자금을 적게 투입하고 필요한 나머지 자금은 은행에서 빌리되, 발생한 이익은 모두 주주가 가져가는 방식'이 주주에게는 가장 유리합니다. 따라서 부채비율이 높을수록 주주 관점의 수익성, 즉 ROE가 커지게 됩니다. 이처럼 부채가 주주 관점의 수익성을 높이는 효과를 **레버리지 효과**라고 합니다.

레버리지(leverage)란 '지렛대의 원리'를 뜻합니다. 지렛대는 작은 힘으로 큰 효과를 내는 도구인데, 이 원리와 같이 주주는 상대적으로 적은 자금을 투입하면서도 채권자를 지렛대 삼아 더 큰 수익을 창출할 수 있습니다(그림 5-3 참조).

그림 5-3 레버리지 효과

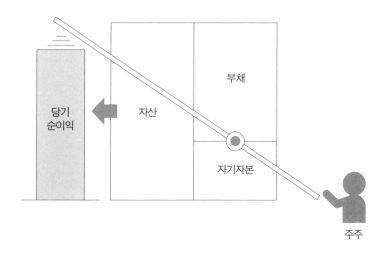

그러나 부채는 언젠가 상환해야 하므로 지나치게 많으면 자금 흐름에 부담이 되고, 지급이자가 증가해 이익이 감소할 수 있습니다. 따라서 '부채는 적을수록 좋다'라는 인식이 일반적이며, '유이자부채'는 줄이는 것이 좋다고 여겨집니다.

한편 **ROE를 중시할 경우, 부채비율을 높이는 것이 유리**하다는 점이 알려지면서 의도적으로 부채비율을 높이는 기업도 등장하게 되었습니다.

포스트자본주의 사회에서 주주 중심 경영은 바뀔까?

경영학자 피터 드러커는 저서 《포스트자본주의 사회(Post-Capitalist Society)》(1993)에서 포스트자본주의 시대의 가장 중요한 경영자원은 '지식'이라고 말했습니다. 포스트자본주의란 기존 자본주의 이후 도래할 새로운 형태의 자본주의를 의미합니다.

기존 자본주의의 바탕에는 금전적 자본이 가장 중요한 경영자원이라는 생각이 있습니다. 돈이 있으면 더 많은 돈을 벌어들일 수 있다는 사고방식이지요. 그러나 지금은 돈이 아무리 많아도 스마트폰, 드론, AI 같은 혁신적인 제품을 만들어낼 수 없습니다. 이러한 기술을 개발하기 위해서는 **지식**과 이를 기반으로 한 **아이디어**가 필요합니다. 뛰어난 아이디어만 있다면 적은 자본으로도 큰 수익을 창출할 수 있는 시대가 된 것입니다.

그렇다면 이처럼 중요한 경영자원을 제공하는 주체는 누구일까요? 바로 직원입니다. 주주는 자본을 제공할 수 있지만 지식을 제공할 수는 없습니다. 물론 특허나 지적재산권 등의 일부 지식은 자본으로 얻을 수 있지만, 노하우나 암묵적 지식은 자본으로 얻기 힘든 것입니다. 이러한 지식을 제공할 수 있는 유일한 주체가 바로 직원입니다.

그러므로 **포스트자본주의 사회에서 가장 중요한 이해관계자는 주주가 아닌 직원**입니다. ROE를 중시하는 기존 관점에는 주주가 최우선 이해관계자라는 전통적 사고가 깔려 있습니다. 하지만 포스트자본주의 사회에서 ROE를 지나치게 중시하는 것은 시대에 맞지 않은 경영방식일 수 있습니다.

단, 모든 직원이 무조건 주주보다 중요한 이해관계자라고 볼 수는 없습니다. **주주보다 더 중요한 이해관계자라 할 수 있는 직원은 어디까지나 '경영에 필수적인 지식'을 제공하는 직원에 한정됩니다.**

ROA
― 종합적인 수익성 지표

$$ROA = \frac{당기순이익}{총자산} \times 100(\%)$$

$$= \underbrace{\frac{당기순이익}{매출액} \times 100(\%)}_{매출액순이익률} \times \underbrace{\frac{매출액}{총자산}(회)}_{총자산회전율} \quad (식\ 5\text{-}3)$$

ROE의 구성 요소인 ROA(총자산이익률)를 다시 살펴보겠습니다.
**ROA는 총자산을 운용해 창출한 이익의 정도를 측정하는 지표로
서, 특정 이해관계자에 한정되지 않는 중립적이고 종합적인 수익**

경영분석을 위한 재무지표

성 지표입니다. ROA를 분석하기 위해서는 ROA를 식 5-3과 같이 분해하면 됩니다.

이 식을 뒤에서부터 읽으면 '총자산이 얼마나 많은 매출을 창출했고, 그 매출에서 비용을 차감한 후 얼만큼의 이익이 남았는가'의 관점인 것을 알 수 있습니다(그림 5-4 참조).

여기서 식 5-3의 첫 번째 부분은 **매출액순이익률**을, 두 번째 부분은 **총자산회전율**을 나타냅니다. 매출액순이익률은 손익계산서상의 수익성을, 총자산회전율은 재무상태표상의 자산 활용 효율성을 의미합니다. 이처럼 ROA를 분해해 분석하면 ROA에 영향을 미치는 구체적인 원인을 파악할 수 있습니다.

그림 5-4 ROA의 분해

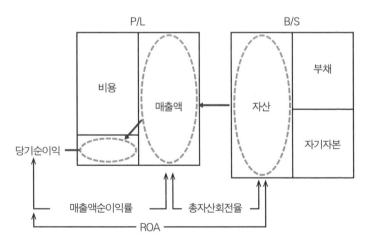

ROA는 수익성을 측정하는 지표입니다. 수익성이라고 하면 손익계산서에만 초점을 맞추기 쉽습니다. 하지만 식을 분해해보면, ROA를 높이기 위해서는 손익계산서 수치의 개선뿐 아니라 재무상태표의 개선도 필요하다는 점을 알 수 있습니다. 이 두 요소를 균형 있게 개선함으로써 ROA를 높일 수 있는 것입니다.

참고로, 총자산회전율의 단위는 백분율이 아니라 '회전수(회)'를 사용합니다.

매출이익률은 매출과 비용의 균형으로 결정된다

먼저 매출액순이익률에 대해 살펴보겠습니다. 매출액순이익률을 높이려면 어떻게 해야 할까요? 계산식으로 생각해보면 분자를 늘리거나 분모를 줄이면 됩니다. 분자를 늘린다는 것은 이익을 증가시키는 것이고, 분모를 줄인다는 것은 매출액을 줄이는 것을 뜻합니다. 하지만 수익성을 높이기 위해 매출액을 줄여야 한다는 것은 앞뒤가 맞지 않는 이야기입니다.

이는 독립변수를 사용해 요소를 분해하지 않아서 생기는 문제입니다. 원칙적으로 요소를 분해할 때는 독립변수만을 사용해야 합니다. 매출액순이익률에서 매출액과 비용은 다른 변수에 의존하지

경영분석을 위한 재무지표

그림 5-5 매출이익률

$$\text{매출이익률}\uparrow = \frac{\text{이익}}{\text{매출액}} = \frac{\text{매출액} - \text{비용}}{\text{매출액}} = 1 - \frac{\text{비용}}{\text{매출액}} \begin{matrix}\downarrow \\ \uparrow\end{matrix}$$

않는 독립변수입니다. 반면에 이익은 매출액과 비용의 차액에 의해 결정되므로, 이 두 가지 요소에 영향을 받는 종속변수입니다. 따라서 이익을 독립변수로 나타낼 필요가 있습니다.

여기에서는 당기순이익을 편의상 이익이라고 하겠습니다. 이익은 '매출액-비용'으로 정의되므로, 매출이익률은 그림 5-5와 같이 나타낼 수 있습니다. 최종 식을 보면, **매출이익률을 높이기 위해서는 매출액 대비 비용률(비용÷매출액)을 낮추면 된다는 것**을 알 수 있습니다. 즉, 비용을 줄이거나 매출액을 늘리면 매출이익률이 상승하게 됩니다. 매출이익률은 매출액과 비용의 균형으로 결정되는 것입니다.

'균형으로 결정된다'라는 말의 진짜 의미

비용을 낮추면 된다고 하면, '역시 비용 절감이 중요하구나'라고 쉽게 생각할 수 있습니다. 하지만 이 문제는 그렇게 단순하지 않습니다. 대부분 '비용'이라는 단어를 듣는 순간, 반사적으로 '절감'을 떠올립니다. 비용은 그야말로 미움을 받는 존재입니다. 이렇게까지 미움을 받는 이유는 비용이 현금유출의 원인이기 때문입니다.

그러나 비용을 생각할 때 잊지 말아야 할 또 하나의 중요한 측면이 있습니다. 그것은 바로 **비용이 매출의 원천**이라는 점입니다. 돈을 쓰지 않고는 새로운 부가가치를 창출할 수 없습니다.

제가 만든 표현이지만, 비용에는 **이로운 비용**과 **해로운 비용**이 있습니다. **단순히 현금유출의 원인이 될 뿐인 비용은 해로운 비용**입니다. 이러한 비용은 철저히 줄여야 합니다. 반면에 **매출의 원천이 되는 비용은 이로운 비용**으로, 이러한 비용은 증가해도 괜찮습니다.

경영 악화에 빠진 기업들은 비용을 일괄 10% 삭감하라는 등의 극단적인 대책을 내놓습니다. 이러한 접근 방식은 무대책의 극치입니다. 중요한 것은 무엇이 이로운 비용이고 무엇이 해로운 비용인지 정확히 판단하는 것이며, 해로운 비용은 줄이고 이로운 비용은 늘려야 합니다.

경영분석을 위한 재무지표

그림 5-6 중요한 것은 매출액과 비용의 '균형'

(a) 이로운 비용을 삭감했을 때

비용 ↓
─────
매출액 ↓↓

매출액이 감소

비용 ↑
─────
매출액

매출액 대비 비용률이 상승해
주객전도의 결과가 된다

(b) 이로운 비용을 증가시켰을 때

비용 ↑
─────
매출액 ↑↑

매출액이 증가

비용 ↑
─────
매출액 ↓

비용은 증가하지만
매출액 대비 비용률은 감소한다

만약 이로운 비용을 줄인다면 매출의 원천을 줄이는 것이 되므로, 매출이 더욱 감소하고 매출액 대비 비용률은 더 증가하게 됩니다(그림 5-6(a)). 반대로 이로운 비용을 늘림으로써 매출이 증가한다면, 결과적으로 매출액 대비 비용률은 개선됩니다(그림 5-6(b)). 이것이 바로 '좋은 비용 증가'입니다.

매출이익률은 매출과 비용의 균형으로 결정된다는 말의 진정한 의미는 바로 이것입니다. 비용 절감에만 집착하면 그 자체가 목적이 되고 맙니다. 하지만 비용 절감은 목적이 아니라 이익을 늘리기 위한 수단일 뿐입니다. 이익을 늘리는 것이 진정한 목적이라면, 비용을 늘리는 방법도 유효한 전략이 될 수 있습니다.

총자산회전율은 자산 활용의 효율성을 나타낸다

$$총자산회전율 = \frac{매출액}{총자산} \quad (회) \quad (식\ 5\text{-}4)$$

ROA(총자산이익률)를 구성하는 두 번째 항목은 식 5-4의 **총자산회전율**입니다. 총자산회전율은 매출액순이익률에 비해 이해하기 어려운 지표일 수 있습니다.

분모에 대입하는 총자산은 재무상태표의 왼쪽에 있는 자산 총계를 의미합니다. 자산 총계는 **기업의 운영 구조 전반**을 나타냅니다. 이 구조를 활용해 제품이나 서비스를 생산하고, 이것을 판매해서 매출을 창출합니다. 즉, 매출은 자산이라는 기업의 운영 구조가 만들어낸 결과물인 셈이지요. **총자산회전율은 이 구조가 매출을 얼마나 효율적으로 창출하는지를 나타내는 지표입니다.** 여기서 '효율적'이라는 것은 '구조에 맞는 매출을 얼마나 빠르게 창출했는지'를 의미합니다.

예를 들어 편의점과 같은 업종은 매장을 임대하기 때문에 큰 규모의 자산 구조는 필요하지 않습니다. 주요 자산은 매장에서 판매되는 생필품, 음료수, 도시락 따위의 비교적 저렴한 상품들입니다. 이러한 비즈니스는 큰 규모의 구조 없이도 소액의 상품을 빠르게 사고파는 방식으로 운영되며, 구조에 맞는 매출을 단기간에 창출합니다. 따라서 총자산회전율이 높게 나타납니다.

한편, 제조업은 공장이나 설비 같은 대규모 구조를 갖추어야 합니다. 이렇게 규모가 큰 자산을 여러 해에 걸쳐 사용하면서 매년 조금씩 매출을 올립니다. 따라서 구조에 맞는 매출을 창출하는 데 비교적 긴 시간이 걸리고 총자산회전율은 낮아지게 됩니다.

이와 같은 사례에서 알 수 있듯이 총자산회전율에는 업종 특성이 강하게 반영된다는 특징이 있습니다.

그림 5-7은 타업종과 도쿄 디즈니 리조트를 운영하는 **오리엔탈랜드**의 수익성을 비교한 자료입니다. 이 자료를 보면 오리엔탈랜드의 ROA가 높은 이유를 알 수 있습니다. ROA를 매출액순이익률과 총자산회전율로 분해해보면, 높은 ROA를 견인하고 있는 요인이 매출액순이익률임을 알 수 있습니다. 반면에 총자산회전율은 항상 최하위입니다. 매출액순이익률이 약 25%에 달하는데도 ROA가 10%에 정도에 머무는 이유는 총자산회전율이 발목을 잡고 있기 때문입니다.

그러나 이 자료를 보고, '오리엔탈랜드의 약점은 총자산회전율

그림 5-7 주식회사 오리엔탈랜드의 수익성

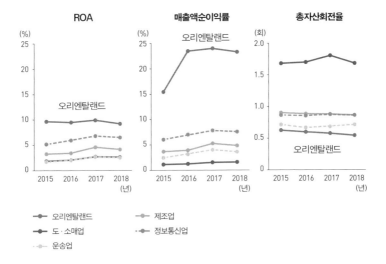

이 낮은 것'이라고 결론지을 수는 없습니다. 여기서 중요한 것은 비즈니스 모델의 특징을 파악하는 것입니다.

그렇다면 오리엔탈랜드의 비즈니스 모델은 어떤 것일까요? 서비스업, 레저산업 등 다양하게 표현할 수 있겠지만, 총자산회전율의 관점에서 보면 오리엔탈랜드는 장치산업의 측면을 가지고 있습니다. 오리엔탈랜드의 주요 비즈니스인 테마파크 사업은 넓은 부지에 놀이기구와 같은 대규모 장치를 설치하고, 방문객을 유치해 장기간에 걸쳐 매출을 올리는 것이 특징이기 때문입니다.

이러한 비즈니스 모델은 총자산회전율이 낮은 이유를 설명해줍니다. 이는 해당 업종의 특성상 자연스러운 현상으로, 총자산회전율이 낮다고 해서 반드시 약점이라고 볼 수는 없습니다.

오리엔탈랜드의 사례에서 알 수 있듯이, 다른 업종과 총자산회전율을 비교하는 것은 큰 의미가 없습니다. 이는 마치 씨름 선수와 마라톤 선수를 비교해 누가 더 뛰어난 운동선수인지 평가하는 것과 같습니다. 총자산회전율을 사람에 빗대어보면, 체격(=총자산)과 체격에서 우러나오는 힘(=매출액)의 비율과 마찬가지입니다. 씨름 선수와 마라톤 선수는 체격도 다르고 힘을 쓰는 방식도 다릅니다. 그들의 경기 종목이 다르기 때문입니다. 따라서 두 사람을 비교하는 것 자체에 의미가 없습니다.

반대로 생각해보면, 같은 업종끼리는 총자산회전율이 비슷한 값을 보여야 합니다. 비즈니스 모델이 같다면 필요한 자산 구조와 이를 통해 창출되는 매출의 균형이 비슷하게 나타날 것이기 때문입니다. 같은 씨름 선수들은 모두 큰 체격으로 강한 힘을 발휘합니다. 씨름이라는 종목에서 요구되는 체격과 힘의 사용 방식이 비슷하기 때문입니다.

따라서 동일 업종을 비교했을 때 총자산회전율에 차이가 난다면, 어딘가에 문제가 있을 가능성이 있습니다. 총자산회전율이 낮다는 것은 매출액에 비해 총자산이 지나치게 크다는 뜻입니다. 즉, 매출에 공헌하지 않는 자산이 많은 상태입니다. 사람에 빗대어 표

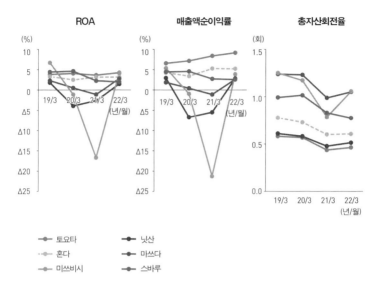

그림 5-8 자동차 제조업체의 ROA 분해

ROA

(%)
10
5
0
19/3 20/3 21/3 22/3
(년/월)
Δ5
Δ10
Δ15
Δ20
Δ25

매출액순이익률

(%)
10
5
0
19/3 20/3 21/3 22/3
(년/월)
Δ5
Δ10
Δ15
Δ20
Δ25

총자산회전율

(회)
1.5

1.0

0.5

0.0
19/3 20/3 21/3 22/3
(년/월)

● 토요타   ● 닛산
● 혼다   ● 마쓰다
● 미쓰비시   ● 스바루

현하면, 불필요한 군살이 많은 것과 같습니다. **군살이 많은 기업은 총자산회전율이 낮아질 수밖에 없습니다.**

그림 5-8은 자동차 제조업체들의 ROA를 매출액순이익률과 총자산회전율로 분해한 자료입니다. 총자산회전율을 보면, **토요타 자동차**가 계속 최하위를 차지하고 있습니다. 토요타는 매출액순이익률 1위를 놓치지 않으며 높은 ROA를 유지하고 있는 반면에 총자산회전율이 낮습니다. 이 도표는 업종 내 경쟁사와 비교했을 때 토요타에 어떠한 문제점이 있을 가능성을 시사합니다.

경영분석을 위한 재무지표

총자산회전율과 규모의 관계

토요타 자동차의 총자산회전율이 낮은 이유 중 하나로, 기업의 규모가 크다는 점을 들 수 있습니다. 그림 5-9는 총자산회전율과 총자산 간의 관계를 보여줍니다. 여기서 총자산은 기업의 규모를 나타내는 변수 중 하나입니다. 자료를 보면 **기업의 규모가 커질수록 총자산회전율이 낮아지는 경향이 있음을 알 수 있습니다.**

그림 5-9 자동차 제조업체의 총자산회전율과 총자산(2022년 3월기)

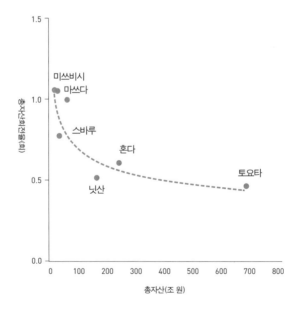

총자산회전율이 기업의 규모에 반비례하는 것은 다양한 업종에서 나타나는 현상입니다. 기업의 규모가 커질수록 매출에 직접적으로 공헌하지 않는 자산들이 늘어나기 때문입니다. 예를 들면 도심의 화려한 자사 건물, 자주 사용하지 않는 대형 회의실, 고가의 장식품, 사치스러운 임원실, 골동품이나 예술품 따위가 있습니다. 이와 같은 자산들은 매출에 직접 공헌하지 않을 가능성이 큽니다. 불필요한 자산으로 비대해진 기업은 부유해질수록 필요 이상의 비싼 음식을 섭취해 살이 찐 인간의 모습과 비슷합니다.

기업의 기본적인 목표는 이익 추구입니다. 발생한 이익은 내부에 축적되어 재무상태표를 성장시킵니다. 이러한 과정을 거치면서 기업의 규모가 커지지만, 그와 동시에 점점 매출을 효율적으로 창출하지 못하는 체질로 변할 수 있습니다.

기업이 성장함에 따라 비효율적인 자산 구조가 늘어나고, 매출 대비 자산 활용 효율성이 떨어지는 상태를 '**대기업병**'이라고 부릅니다.

ROA는 하나가 아니다

$$ROA = \frac{당기순이익}{총자산} \quad (식\ 5\text{-}5)$$

$$ROA = \frac{사업이익}{총자산} \quad (식\ 5\text{-}6)$$

$$ROA = \frac{경상이익}{총자산} \quad (식\ 5\text{-}7)$$

$$ROA = \frac{영업이익}{총자산} \quad (식\ 5\text{-}8)$$

사실 ROA의 계산식은 하나가 아닙니다. 최소한 네 가지 식이 존재하며, 차이점은 분자에 어떤 이익을 대입하는가에 있습니다.

식 5-5는 본문에서 소개한 식으로 국제기준에 해당합니다. 분자인 당기순이익은 해당 회계연도의 최종 이익을 의미하기 때문에, '모든 사항을 포함한 최종 결론으로서의 ROA'라고 할 수 있습니다.

식 5-6은 일본에서 통념적으로 사용되고 있는 식입니다. 사업이익에 관한 자세한 설명은 생략하지만, 간단히 말해 특수한 상황을 제외한 평균적인 이익을 가리킵니다.

식 5-7은 서적이나 실무에서 자주 사용되는 식이지만, 이론적인 엄밀성은 부족합니다. 식 5-7은 식 5-6을 간소화한 것으로 생각하면 됩니다.

식 5-8도 식 5-6을 간소화한 것인데, 분자인 영업이익은 '본업에서 벌어들인 이익'이므로 '본업의 ROA'로도 해석할 수 있습니다.

더 세부적으로 들어가면, ROA의 분모에 총자산이 아닌 총자본을 대입하기도 합니다. 총자산은 '자산의 총액'이라는 의미로 재무상태표의 왼쪽 총계를 나타냅니다. 반면에 총자본은 '투하된 자본의 총액'이라는 의미로 재무상태표의 오른쪽 총계를 나타냅니다. 어느 쪽을 사용하든 금액은 같으므로 계산상의 차이는 없지만, 이를 바라보는 관점은 다릅니다.

'총자산'이라고 할 때는 자산 구조가 얼마나 많은 이익을 창출했는지의 관점에서 보는 것입니다. 반면에 **'총자본'이라고 할 때는 투하된 자본이 얼마나 많은 이익을 창출했는지의 관점에서 보는 것**으로, 주주와 채권자 등 자본을 투입한 쪽의 입장입니다.

일본에서는 총자본이라는 표현을 많이 쓰는데, Return On Assets의 Assets는 자산을 뜻하므로 ROA의 분모는 본래 총자산입니다. 어느 쪽이 옳고 그르다고 할 문제는 아니며, 단순히 관점의 차이일 뿐입니다.

ROA뿐만 아니라 재무지표는 대부분 법적으로 규정된 것이 아니기 때문에 계산식이 하나로 통일되어 있지 않습니다. 같은 지표라도 여러 가지 계산식이 존재할 수 있음을 알아두면 혼란을 방지할 수 있습니다.

재무지표는 분석자가 분석 목적에 맞게 계산식을 선택하거나, 필요에 따라 수정해서 사용해야 합니다. 그러므로 재무지표의 계산식을 단순히 외우기보다는 그 의미를 이해하는 것이 중요합니다.

경영분석을 위한 재무지표

자기자본비율
─ 안정성의 기본 지표

$$자기자본비율 = \frac{자기자본}{총자본} \times 100(\%) \qquad (식\ 5\text{-}9)$$

$$부채비율 = \frac{부채}{자기자본} \times 100(\%) \qquad (식\ 5\text{-}10)$$

자기자본비율은 기업의 안정성을 평가하는 대표적인 지표입니다. 자기자본비율의 계산식은 식 5-9와 같습니다. 분모인 총자산은 '조달된 자본의 총합'을 의미하며, 재무상태표의 오른쪽 총계를 말합니다. 구체적으로는 부채+자본입니다. 따라서 **자기자본비율은 조달한 전체 자본 중에 상환의무가 없는 자기자본이 얼마나 되는지**를 나타냅니다.

안정성이란 현금 지급 능력을 의미합니다. 애초에 상환해야 할 부채가 적다면 지급 능력을 걱정할 필요가 없습니다. 그러므로 자기자본비율이 높을수록 안정성도 높아지는 것입니다.

자기자본비율의 반대개념은 식 5-10의 **부채비율**입니다. 부채비율은 낮을수록 기업의 안정성이 높다고 판단할 수 있습니다. 자기자본비율과 부채비율은 밀접한 관계가 있지만, 계산식의 관점은 조금 다릅니다.

자기자본비율이 '총자본 중 자기자본이 차지하는 비율'인 반면, 부채비율은 '부채가 자기자본의 몇 배인지'를 나타내는 지표입니다.

부채비율은 영어로 'Debt-to-Equity Ratio', 줄여서 'D/E Ratio'라고도 합니다. debt는 부채, equity는 자기자본을 의미하기 때문에, 계산식을 그대로 나타낸 명칭이라 할 수 있습니다. 참고로 회계상의 부채는 liability라고 합니다. debt는 일상용어로서의 부채(≒빚)라는 인상이 강하지만, 여기서는 회계상의 부채를 나타내는 말로 쓰인 것입니다.

자기자본비율의 양면성

안정성의 관점에서 자기자본비율은 높은 것이 좋지만, 높기만 하면 다가 아니라는 점이 자기자본비율의 까다로운 부분입니다. ROE의 관점에서 보면 자기자본비율은 낮은 편이 더 유리합니다. 자기자본비율이 낮을수록 부채비율이 높아지고, 5-2에서 언급한 레버리지 효과가 작용하기 때문입니다.

자본구조를 적절하게 구성하는 것은 쉽지 않습니다. 자기자본비율은 높다고 좋은 것도 아니고, 낮다고 좋은 것도 아닙니다. ROE를 고려하면 자기자본비율이 낮은 것이 유리하지만, 너무 낮으면 차입금의 원금 상환이나 이자 지급 부담이 늘어나 안정성이 떨어질 수 있습니다.

따라서 자기자본비율을 설정하는 기준은 기업이 안정성을 우선할지, ROE를 우선할지에 따라 달라집니다. 과거에는 빚은 없을수록 좋다는 인식이 지배적이었고, 지금까지도 유이자부채에는 '축소'라는 말이 뒤따릅니다. **무차입 경영**은 안정성을 중시하는 관점에서 대체로 긍정적으로 평가되며 비판받는 경우는 거의 없습니다.

그러나 ROE의 관점에서는 부채를 늘리는 편이 유리합니다. 실제로 ROE를 중시하는 기업 중에는 의도적으로 부채를 늘려서 자기자본비율을 낮추는 사례가 점점 증가하고 있습니다.

자기자본비율과 내부유보

자기자본비율은 부채를 줄이는 방식으로 높일 수 있지만, 이익의 내부유보로도 상승합니다. **내부유보는 재무제표에 이익잉여금으로 계상되어 자기자본을 증가시키기 때문입니다.**

안정성의 측면에서 보면 이익의 내부유보가 늘어나는 것은 긍정적인 일이지만, 한편으로는 내부유보가 과도하게 축적되었다는 비판도 제기됩니다. 내부유보를 쌓아둘 바에는 차라리 임금을 인상하라는 것이지요. 일부에서는 유보금에 세금을 부과하면 내부유보를 억제할 수 있다고 주장하기도 합니다.

이러한 의견들이 다 옳은 것은 아닙니다. 대부분이 내부유보는 '기업이 현금을 쌓아두는 것'이라고 오해합니다. 물론, 이익이 사내에 유보되는 시점에서는 해당 금액만큼의 현금이 남아 있을 가능성이 큽니다. 하지만 그 현금은 곧 다양한 용도로 사용됩니다. 내부유보로 쌓인 현금이 언제까지나 기업 내부에 남아 있는 것은 아닙니다.

반대로 내부유보가 아무 용도로도 사용되지 않고, 단순히 기업 내에 쌓여 있다면 문제가 됩니다. 다량의 현금을 보유하는 것은 안정성 면에서는 긍정적인 일이지만, 수익성의 관점에서는 바람직하지 않습니다. 현금은 그 자체로 가치를 창출하지 않기 때문입니다.

현금은 설비투자나 연구개발 등에 사용되어야 비로소 새로운 가치를 만들어낼 수 있습니다. 은행에 예치해 이자를 얻는 정도의 활용은 누구나 할 수 있는 일이며, 기업의 본래 역할과도 거리가 멉니다. 현금을 보유하고 있으면 안심이야 되겠지만, 새로운 부는 창출할 수 없습니다. 그러므로 내부유보가 적절히 활용되고 있는지 아닌지는 재무상태표의 자산에서 논의해야 할 문제입니다.

또한 내부유보가 많이 쌓였으니, 임금을 인상해야 한다거나 과세해야 한다는 주장도 논리적으로 맞지 않습니다.

임금은 이익을 원천으로 지급되는 것이 아닙니다. 인건비를 차감한 뒤에 남은 것이 이익이므로, 임금을 인상한다고 해서 지금 쌓인 내부유보를 줄일 수는 없습니다. 다만, 인건비를 늘리면 미래의 이익이 감소하기 때문에 내부유보 증가를 억제하는 효과는 기대할 수 있습니다. 그러나 이미 이익이 발생했다면 당기순이익 전액을 배당하지 않는 한, 내부유보는 또다시 쌓이게 됩니다.

내부유보에 세금을 부과해야 한다는 의견은 조세 이론상 문제가 있습니다. 내부유보는 이미 법인세가 부과된 세후 이익에서 적립된 것이므로, 여기에 추가로 과세하는 것은 **이중과세에 해당**합니다. 이중과세를 허용하면 동일한 과세 대상에 무한정 과세할 수 있게 되므로 납세자의 권리를 침해할 우려가 있습니다.

일본에서는 일정 조건에 해당하는 동족회사의 내부유보에 세금을 부과하고 있습니다. 이는 정치적인 목적으로 만들어진 것이며, 조세 이론의 관점에서 보면 부적절한 제도입니다.[1]

사내유보에 세금을 부과한다면, 기업은 세금으로 낼 바에야 다 쓰는 쪽을 택할 것입니다. 이렇게 되면 기업은 장기적인 사업 자금을 확보하지 못하고 근시안적인 경영에만 집중하게 됩니다. 그 결과, 경제 전반에도 부정적인 영향을 미칠 수 있습니다. 그러나 제도를 만드는 사람들은 이러한 문제를 고려하지 않는 듯합니다.

---

1 한국에서는 과거 기업의 사내유보를 줄이고 투자나 배당을 촉진하기 위해 '기업소득환류세제'와 같은 제도를 도입했으나, 현재는 사내유보에 대한 직접적인 과세를 시행하지 않고 있다.

회전기간
― 자금 회전 속도와 관련된 지표

매출채권회전기간

$$매출채권회전기간 = \frac{매출채권}{매출액/12} \text{(개월)} \qquad \text{(식 5-11)}$$

회전기간 역시 기업의 안정성을 평가할 수 있는 중요한 지표입니다. 이 중 **매출채권회전기간**은 회전기간의 개념을 이해하는 데 유용하며, 다른 회전기간 지표를 해석하는 데도 도움이 됩니다.

매출채권회전기간을 구하는 식은 식 5-11과 같습니다. 매출채권이란 말 그대로 매출과 함께 발생하는 채권으로, **받을어음**과 **외상매출금**의 합계액을 의미합니다. 분자에는 매출채권의 기말 잔액을 대입합니다. 한편, 분모에는 연간 매출액을 12로 나눈 **월평균 매출액**을 대입합니다. 이렇게 매출채권의 기말 잔액을 월평균 매출액으로 나눈 지표에는 어떤 의미가 있을까요?

월평균 매출액은 매출채권의 월평균 발생액을 나타냅니다. 왜냐하면 기본적으로 매출액과 같은 금액의 매출채권이 발생하기 때문입니다. 매출채권의 월평균 발생액은 월평균 거래액이라고도 볼 수 있습니다.

기말 매출채권 잔액을 월평균 거래액으로 나눈 값은 '**거래량을 기준으로 몇 개월 치의 매출채권이 기말에 남아 있는지**'를 나타냅니다. 그래서 매출채권회전기간의 단위는 '개월'이 됩니다.

매출채권의 잔액은 이처럼 몇 개월 치가 미회수 상태인지를 해석해야 그 적절성을 판단할 수 있습니다. 매출채권의 금액이나 증감만으로는 그것이 많은지 적은지, 긍정적 변화인지 부정적 변화인지를 판단할 기준이 없기 때문입니다. 그러므로 매출채권회전기간을 구해서 매출 대비 적정 수준의 매출채권이 유지되고 있는지 확인할 필요가 있습니다.

안정성의 관점에서 **매출채권회전기간은 짧을수록 바람직**하고, 가능하다면 기간을 줄이기 위해 노력해야 합니다. **매출채권회전기간이 짧다는 것은 기업이 매출채권을 조기에 회수해 현금화하고 있다는 뜻**이기 때문입니다.

회전기간은 회수기간과 동일하다

매출채권회전기간은 이론적으로 해당 기업에서 평균적으로 **매출
채권이 회수되는 기간**과 같습니다. 회수기간이란 말 그대로 대금
을 회수하기까지 걸리는 기간을 말합니다. 그림 5-10을 보면서 매
출채권회전기간이 매출채권의 평균 회수기간과 같아지는 이유를
살펴보겠습니다.

월평균 매출액이 100만 원, 매출채권의 회수기간이 2개월, 결산
월이 3월인 기업이 있다고 가정합니다. 월평균 매출액이 100만 원
이라는 것은 매월 평균적으로 100만 원의 매출채권이 발생한다는
뜻입니다. 회수기간이 2개월이므로 매출채권은 2개월 후에 회수되

그림 5-10 매출채권의 발생과 소멸

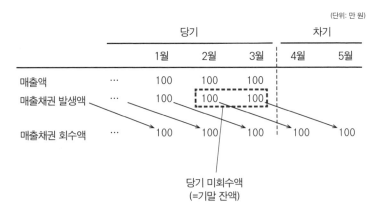

(단위: 만 원)

		당기			차기	
		1월	2월	3월	4월	5월
매출액	…	100	100	100		
매출채권 발생액	…	100	100	100		
매출채권 회수액	…	100	100	100	100	100

당기 미회수액
(=기말 잔액)

어 소멸합니다.

　3월 결산 시점에는 1월에 발생한 매출채권까지 회수되고, 2월과 3월에 발생한 매출채권은 차기 회계연도에 회수되므로 잔액으로 남아 있습니다. 따라서 기말 시점에는 2개월 치의 매출채권 잔액이 존재합니다. 회수되기까지의 시간차가 2개월이기 때문입니다.

　매출채권회전기간을 계산해보면, 기말 매출채권 잔액 200만 원/월평균 매출액 100만 원=2개월이므로, 매출채권회전기간이 매출채권의 평균 회수기간과 같은 것을 확인할 수 있습니다.

매입채무회전기간과 재고자산회전기간

$$\text{매입채무회전기간} = \frac{\text{매입채무}}{\text{매입액}/12} (\text{개월}) \qquad (\text{식 5-12})$$

$$\text{재고자산회전기간} = \frac{\text{재고자산}}{\text{매출원가}/12} (\text{개월}) \qquad (\text{식 5-13})$$

매출채권회전기간 외에 자주 사용되는 회전기간 지표로 **매입채무회전기간**과 **재고자산회전기간**이 있습니다. 매출채권회전기간의 계산식을 이해하면, 다른 지표의 의미도 쉽게 파악할 수 있습니다.

계산식은 각각 식 5-12와 식 5-13과 같습니다.

식 5-12의 분자에 대입하는 **매입채무**는 매입으로 인해 발생한 채무를 의미합니다. 구체적으로는 지급어음과 외상매입금의 합계액이며, 분자에는 매입채무의 기말 잔액을 대입합니다. 분모에 대입하는 값은 연간 매입 금액을 12로 나눈 것으로, 월평균 매입액을 의미합니다. 이 값은 한 달 동안의 평균 거래액을 나타내므로, 매입채무회전기간은 '**거래량을 기준으로 몇 개월 치의 매입채무가 기말에 남아 있는지**'를 나타냅니다.

또한, 매입채무회전기간은 이론적으로 해당 기업이 평균적으로 매입채무를 지급하는 기간과 같습니다. 지급기간이란 대금을 지급하기까지 걸리는 기간을 의미합니다. 매입채무회전기간이 매입채무의 평균 지급기간과 이론적으로 같아지는 이유는 매출채권회전기간과 회수기간의 관계에서 설명한 내용과 같습니다.

식 5-13의 분자에는 **재고자산**의 기말 잔액을 대입합니다. 분모의 매출원가는 판매된 상품의 원가를 말합니다. 재고자산의 기말 잔액을 월평균 매출원가로 나누면, '**판매량을 기준으로 몇 개월 치의 재고가 기말에 남아 있는지**'를 알 수 있습니다. 또한, 재고자산회전기간은 상품 등의 재고자산이 판매되기까지의 시간차를 나타내기도 합니다. 예를 들어 재고자산회전기간이 2개월이라는 것은 재고가 2개월 후에 판매되어 소진된다는 의미입니다.

안정성의 관점에서 보면 **매입채무회전기간은 길수록 바람직하**며, 가능한 한 길게 유지해야 합니다. 왜냐하면 **매입채무회전기간이 길수록 대금 지급까지의 유예기간이 길어진다는 뜻**이기 때문입니다.

한편, **재고자산회전기간은 짧을수록 바람직**하며, 가능한 한 기간을 단축하는 것이 좋습니다. **재고자산회전기간이 길다는 것은 재고가 과도하게 쌓여 있다는 뜻이며, 이미 많은 현금을 재고 구매에 사용했다는 것을 의미**하기 때문입니다.

일정한 회전기간을 활용하는 법

회전기간은 거의 일정하게 유지되는 성질이 있습니다. 매출채권회전기간과 매입채무회전기간은 각각 회수기간 및 지급기간과 같으며, 이 기간의 길이는 거래처와의 거래조건에 따라 결정되기 때문입니다. 경기가 변동하거나 개별 거래량이 변하더라도 '당월 마감, 익익월 말 지급'으로 계약했다면, 기간은 2개월로 고정됩니다.

이처럼 회전기간이 거의 일정하다는 성질을 활용하면, 이것을 다양한 관리 지표로 사용할 수 있습니다.

예컨대 매출채권회전기간은 고객의 대금 지급 상황을 관리하는 지표로 사용할 수 있습니다. 영업 부문 관리자가 모든 고객의 대금 지급 상황을 완벽히 파악하기란 어렵습니다. 이때 매출채권회전기 간을 관리 지표로 설정하고 이를 관찰하면, 특정 고객에게 지급 지 연이 발생했을 경우 매출채권 잔액이 정상적인 수준보다 늘어날 가능성이 있습니다. 매출채권 잔액이 늘어나면 매출채권회전기간 이 길어집니다. 따라서 매출채권회전기간을 정기적으로 관찰하면 지급 지연과 같은 이상 상황을 감지할 수 있습니다.

회전기간이 거의 일정하다는 성질은 분식회계를 발견하기 위한 관리 지표로도 사용할 수 있습니다. 분식회계는 인위적으로 수치 를 조작하는 것이므로, 필연적으로 수치 간의 균형이 무너지게 됩 니다. 균형이 깨지면 본래 일정해야 할 회전기간이 변동할 가능성 이 있습니다. 이러한 이유로 **회전기간은 분식회계 여부를 발견하 는 지표**로 활용할 수 있습니다.

현금전환주기(CCC)

현금전환주기(Cash Conversion Cycle, CCC)의 계산식은 식 5-14 와 같습니다.

CCC의 단위로는 '일'을 사용하는 것이 일반적입니다. 따라서 매

$$CCC = 매출채권회전기간 + 재고자산회전기간 - 매입채무회전기간 \text{ (일)}$$
$$\text{(식 5-14)}$$

$$매출채권회전기간 = \frac{매출채권}{매출액/365} \text{ (일)} \qquad \text{(식 5-15)}$$

$$재고자산회전기간 = \frac{재고자산}{매출원가/365} \text{ (일)} \qquad \text{(식 5-16)}$$

$$매입채무회전기간 = \frac{매입채무}{매입액/365} \text{ (일)} \qquad \text{(식 5-17)}$$

출채권회전기간, 재고자산회전기간, 매입채무회전기간 모두 단위를 '일'로 변환해 사용합니다. 기간을 일수로 바꾸기 위해 식 5-15, 5-16, 5-17과 같이 연간 합계액을 365로 나눈 값을 분모에 대입합니다. 중요한 것은 현금전환주기의 계산식 5-14의 의미입니다. 그림 5-11을 보면서 살펴보겠습니다.

어떤 상품을 매입하면, 매입 시점에 그 상품은 재고가 됩니다. 재고가 된 상품은 이론적으로 재고자산회전기간이 지난 후에 판매됩니다. 재고자산회전기간은 상품이 매입된 시점부터 판매되기까지의 시간차를 의미하기 때문입니다.

상품이 판매되면, 그 시점에서 매출과 동시에 매출채권이 발생

경영분석을 위한 재무지표

합니다. 이 매출채권은 이론적으로 판매 시점으로부터 매출채권회전기간이 지났을 때 입금됩니다. 매출채권회전기간은 매출채권의 평균 회수기간을 의미하기 때문입니다.

한편, 최초에 상품을 매입한 시점에서는 매입채무가 발생합니다. 이 매입채무의 지급일은 이론적으로 매입 시점으로부터 매입채무회전기간이 지났을 때 도래합니다. 매입채무회전기간은 매입채무의 평균 지급기간을 의미하기 때문입니다.

따라서, 식 5-14와 같이 계산할 수 있는 **현금전환주기는 지급부터 입금까지의 시간차**를 의미합니다.

만약 선수금이나 선급금이 있는 경우에는 식 5-14의 매출채권과 매입채무에서 각각 선수금과 선급금을 차감합니다.

그림 5-11에서 알 수 있는 중요한 사실이 있습니다. **대체로 지급이 먼저이고 입금은 나중에 이루어진다는 점**입니다. 그렇게 되면 입금을 받기 전까지는 자금이 부족할 수 있습니다. 이 기간을 견디

그림 5-11 현금전환주기(CCC)

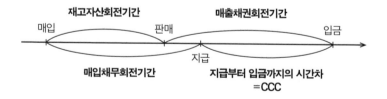

는 데 필요한 자금을 **운전자본**이라고 합니다. 운전자본이 부족한 기업은 단기차입이나 어음할인 등의 대책이 필요합니다.

지급이 먼저이고 입금은 나중에 이루어지므로, **현금순환주기는 대체로 플러스**(+)가 됩니다.

안정성의 관점에서 **현금순환주기는 짧을수록 바람직**하므로, 이를 단축하기 위해 노력해야 합니다.

놀라운 애플의 CCC

그림 5-12는 미국 **애플**과 한국 **삼성**의 현금순환주기(CCC)를 비교한 자료입니다.

삼성의 현금순환주기는 제조업으로서 표준적인 수준이지만, 애플의 현금순환주기는 큰 폭의 마이너스(-)를 기록하고 있습니다.

현금순환주기는 플러스(+)가 되는 것이 일반적이며, 대부분의 기업은 이 주기를 가능한 한 짧게 유지하려고 노력합니다. 이러한 상황에서 현금순환주기가 이 정도로 큰 마이너스를 기록하는 것은 매우 이례적인 일입니다.

현금순환주기가 마이너스라는 것은 입금이 먼저 들어오고, 지급은 나중에 이루어진다는 것을 의미합니다. 그 이유로는 두 가지를

그림 5-12 애플과 삼성의 CCC

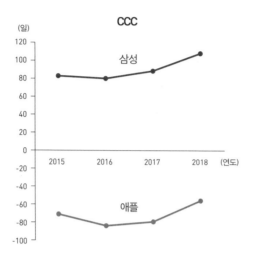

생각할 수 있습니다. 하나는 비즈니스 모델의 차이, 또 하나는 **거래 처와의 힘의 관계**입니다.

첫 번째 이유인 비즈니스 모델의 차이를 살펴보겠습니다. 삼성은 전형적인 전자기기 제조업체로, 제품을 직접 생산하고 판매합니다. 애플 역시 iPhone 등 다양한 제품을 제조하지만, 실제로는 직접 제조하지 않는 비즈니스 모델을 가지고 있습니다.

애플은 **폭스콘**(Foxconn) 같은 **EMS**(Electronics Manufacturing Service, 전자기기 수탁제조 서비스) 업체에 제조를 위탁하고, 자사는 기획, 개발, 마케팅만을 담당합니다. **애플의 이러한 비즈니스 모델은**

제조업보다는 서비스업에 가까운 형태로, 애플은 재고자산을 거의 보유하고 있지 않을 가능성이 높습니다.

애플과 삼성에는 또 한 가지 차이점이 있습니다. 애플은 Apple Store와 iTunes Store를 통해 앱이나 음악 등의 디지털 콘텐츠를 판매한다는 점입니다. 디지털 콘텐츠는 다운로드나 스트리밍으로 제공되므로, 애초에 재고라는 개념이 존재하지 않습니다. 또한 콘텐츠 판매량에 따라 개발자나 저작자에게 인세 형태의 보상을 지급한다면, 입금이 먼저 들어오고 지급은 나중에 이루어지는 구조를 만들 수 있습니다.

현금순환주기가 마이너스가 되는 두 번째 이유는 거래처와의 힘의 관계입니다. 일반적으로 **회수기간과 지급기간은 거래처와의 힘의 균형에 따라 결정됩니다**. 자사가 공급업체보다 우위에 있다면 대금 지급을 늦출 수 있고, 고객보다 우위에 있다면 대금 회수를 조기에 요구할 수 있기 때문입니다.

애플은 공급업체나 고객보다 우위에 있는 것으로 추정됩니다. 애플과 거래를 원하는 부품 제조업체는 전 세계에 얼마든지 있으므로, 공급업체들은 다소 불리한 거래조건이라도 거래를 수락할 가능성이 큽니다. 애플의 고객인 가전제품 유통업체나 통신사 역시 제품 취급을 원하기 때문에 불리한 거래조건을 받아들였을 가능성이 있습니다.

경영분석을 위한 재무지표

애플이 재고자산을 전혀 보유하지 않으며, 지급기간이 90일(3개월), 회수기간이 30일(1개월)이라고 가정해보겠습니다. 이 경우 현금순환주기는 -60이며, 그림 5-12에서 본 애플의 현금순환주기와 비슷한 수준이 됩니다.

이처럼 큰 폭의 마이너스를 기록하고 있는 애플의 현금순환주기는 단순히 애플의 재무안정성을 높이는 데 그치지 않습니다. 조기에 회수한 자금을 다음 제품의 연구개발에 신속히 재투자할 수 있다는 점은 애플의 큰 강점입니다. 다른 기업들이 쉽게 따라 하기 어려운 **마이너스 CCC는 애플의 혁신을 지탱하는 주요 요인 중 하나**로 평가받고 있습니다.

경영분석을 위한 재무지표

✓ **경영분석**의 주요 관점으로는 **수익성**과 **안정성**이 있다. 수익성은 기업이
벌어들일 수 있는 수준, 즉 '이익의 정도'를 평가하는 관점이다. 안정성은
'도산 위험에 대한 안전성'을 의미하며, '현금 지급 능력'을 평가하는 관점
이다.

✓ **ROE**(자기자본이익률)는 주주의 관점에서 본 수익성 지표이다.

✓ **ROA**(총자산이익률)는 총자산이라는 자원으로 얼마만큼의 이익을 창출했는
지를 평가하는 가장 종합적인 수익성 지표이다. ROE처럼 특정 이해관계
자를 전제로 하지 않으므로, 기업 자체의 중립적인 수익성을 나타내는 지
표라고 할 수 있다.

✓ 비용에는 단순히 현금유출만을 초래하는 **해로운 비용**과 매출의 원천이 되
는 **이로운 비용**이 있다. 해로운 비용은 철저하게 삭감해야 하지만, 이로운
비용은 늘려도 좋다.

✓ **자기자본비율**은 기업의 안정성을 평가하는 기본 지표로, 조달한 전체 자
본 중에 상환의무가 없는 자본이 차지하는 비율을 나타낸다.

✓ **부채비율**은 부채가 자기자본의 몇 배인지를 나타내는 지표로 **Debt-to-**

Equity Ratio(D/E Ratio)라고도 한다.

✓ 안정성의 관점에서 보면 자기자본비율은 높고 부채비율은 낮은 것이 좋지
만, ROE(자기자본이익률)의 관점에서는 그 반대이다.

✓ **회전기간**은 안정성과 관련된 지표로, 매출채권의 체류 기간을 나타내는
매출채권회전기간, 매입채무의 체류 기간을 나타내는 **매입채무회전기간**,
재고자산의 체류 기간을 나타내는 **재고자산회전기간** 등이 있다. 안정성의
관점에서 보면 매출채권회전기간과 재고자산회전기간은 짧을수록 좋으
며, 매입채무회전기간은 길수록 좋다.

✓ **현금회전주기**(CCC)는 지급부터 입금까지의 시간차를 의미하는 지표이다.
일반적으로 지급이 먼저이고 입금은 나중에 이루어지므로 CCC는 플러스
가 된다. 안정성의 관점에서 현금회전주기는 짧을수록 좋다.

CHAPTER 6

비슷한 듯
다른
세무와 회계

ACCOUNTING

기업에 부과되는
세금

먼저 기업에 부과되는 세금의 종류를 알아보겠습니다. 주요 세금은 그림 6-1에 정리해두었습니다.

법인세나 주민세와 같은 세금의 종류를 **세목**이라고 하는데, 세목보다 더 중요한 것은 세금의 분류입니다. 세금은 크게 두 가지 기준에 따라 분류됩니다.

그림 6-1 기업에 부과되는 세금

	직접세		간접세
	이익에 과세	이익 이외에 과세	
국세	법인세	인지세	부가가치세 주세
지방세	지방소득세	재산세 주민세(사업소분 · 종업원분)	지방소비세

비슷한 듯 다른 세무와 회계

국세와 지방세

첫 번째는 **국세**와 **지방세**입니다. 이 분류는 세금이 어디로 귀속되는지에 따른 구분입니다. 국세는 국가의 수입이 되는 세금이고, 지방세는 지방자치단체의 수입이 되는 세금입니다. 국세에는 **법인세**와 **부가가치세**가 있고, 지방세에는 **주민세, 지방소득세, 재산세** 등이 있습니다.

이 분류가 중요한 이유는 국세와 지방세에 따라 정보를 참고해야 할 곳이 다르기 때문입니다. 세제는 매우 세밀하게 나뉘어 있고 매년 개정되기 때문에 모두 외우는 것은 거의 불가능합니다. 또한 일반 사회인이라면 굳이 외울 필요도 없습니다.

중요한 것은 세제를 외우는 것이 아니라, 필요할 때 어디에서 정보를 찾아야 하는지 아는 것입니다.

법인세에 대해 알고 싶다면, 법인세는 국세이므로 국세청 관련 홈페이지를 참고하면 됩니다. 하지만 국세청 사이트에서 모든 세금 정보를 확인할 수 있는 것은 아닙니다. 예컨대 주민세는 지방세이기 때문에, 관련 정보는 지방자치단체의 사이트를 참고해야 합니다. 도청이나 시청 홈페이지에 접속하면, 지방세에 관한 페이지나 관련 링크를 확인할 수 있습니다. 또한, 지방세는 행정안전부의 관할이므로 지방세 전반에 대한 정보는 행정안전부의 웹사이트를 참고하면 됩니다.

　참고로, 세무서는 국세와 관련된 기관이므로 세무서에서 납부할 수 있는 세금은 국세입니다. 국세와 관련된 상담도 세무서에서 가능합니다. 반면에 지방세에 관한 상담이나 납부는 도청, 시청, 구청 등의 해당 지방자치단체에서 처리합니다.

직접세와 간접세

세금의 또 다른 분류 기준은 **직접세**와 **간접세**입니다. 간접세의 대표적인 예는 **부가가치세**입니다. '부가가치세는 간접세'라는 말을 자주 듣긴 해도, 직접세와 간접세의 차이를 한마디로 설명할 수 있는 사람은 의외로 많지 않습니다.

　직접세와 간접세의 차이는 **담세자와 납세자의 일치 여부**입니다. 담세자는 세금을 실제로 부담하는 사람이며, 납세자는 세무서나 지방자치단체에 세금을 납부하는 사람을 말합니다. 담세자와 납세자가 일치하면 직접세, 일치하지 않으면 간접세로 구분합니다. 예를 들어, 법인세는 세금을 부담하는 것도 기업이고, 세금을 납부할 의무를 지는 것도 기업입니다. 따라서 법인세는 직접세입니다. 반면에 부가가치세는 구매 시 소비자가 판매자에게 낸 부가가치세를 판매자가 한꺼번에 세무서에 납부합니다. 즉, 세금을 부담하는 사람은 소비자이지만, 납부 의무는 판매자에게 있으므로 담세자와 납세자가 다릅니다. 따라서 부가가치세는 간접세에 해당합니다.

주세도 간접세의 일종입니다. 맥주 가격에는 주세가 포함되어 있으므로 소비자는 자기도 모르는 사이에 주세를 납부한 셈입니다. 이 주세를 한꺼번에 세무서에 납부하는 것은 주류 회사입니다. 즉, 담세자는 소비자이고 납세자는 주류 회사가 됩니다.

직접세는 과세 대상에 따라 추가로 분류할 수 있습니다. **과세 대상이 이익인 세목으로는 법인세, 지방소득세**가 있습니다. 반면에 **과세 대상이 이익이 아닌 세목에는 재산세, 인지세** 등이 있습니다.

인지세는 조금 특이한 세금입니다. 과세 대상이 문서이기 때문입니다. 대표적인 예로는 계약서가 있습니다. 특정 형태의 계약서에는 우표처럼 생긴 인지를 붙이고, 그 위에 도장을 찍습니다. 이 도장은 인지세를 납부했다는 표시입니다. 인지세의 과세 대상은 간단히 말해 계약서에 기재된 금액입니다. 계약서에 금액이 적혀 있다고 해서 그 계약서가 해당 금액으로 매매되는 것은 아니며, 계약서라는 종이 자체에는 별다른 경제적 가치가 없습니다. 그런데도 계약서가 과세 대상이 되는 것은 세무의 독특한 관점 때문입니다.

이어서 세무와 회계를 비교해보면서 더 자세히 알아봅시다.

세무와 회계의
근본적인 차이

세무와 회계를 하나로 뭉뚱그려 취급하는 경우가 종종 있습니다.
하지만 두 개념은 관련은 있으나 본질적으로 다른 것입니다. 이러
한 차이 때문에 실무에서도 '회계상으로는 인정되지만, 세무상으
로는 인정되지 않는다'라는 표현이 자주 사용됩니다.

그렇다면 '회계상으로는', '세무상으로는'이라는 표현에는 어떤
의미가 담겨 있을까요?

회계정보는 주주, 투자자, 채권자를 비롯한 이해관계자의 의사결
정에 활용됩니다. 따라서 **회계의 사명은 기업의 경제적 실체를 충
실히 반영하는 것**입니다. 여기서 가장 중요한 것은 **합리성**입니다.
논리적으로 숫자를 계산하는 것이 회계의 핵심입니다.

반면에 **세금은 조세**입니다. 세무 제도는 국가가 국민에게서 세

금을 효과적으로 징수하기 위해 설계된 규칙입니다. 인지세를 계약서에 적힌 숫자에 따라 과세하는 것처럼 말이지요. 물론, 현대의 국가는 탐관오리처럼 무작정 세금을 거두지는 않습니다. 때로는 국민을 위한 감세정책을 펼치기도 합니다. 그렇다고는 해도 **세제가 극히 정치적인 목적에 따라 설계된 규칙**이라는 점은 변하지 않습니다. 세제는 정치적 목적에 따라 설계되었기 때문에 개정을 거듭합니다. 정치적 목적이 매년 바뀌기 때문입니다.

세무 규정에도 나름의 이론적 근거가 존재하지만, 그 안에서 합리성을 발견하기는 어렵습니다. 개정을 거듭하기 때문에 일관성이나 지속성도 찾기 힘듭니다. 관계자들이 들으면 불편해할 수도 있겠지만, 저는 세금 규칙에 논리가 거의 없다고 생각합니다. 모든 것은 국가가 결정한 사항일 뿐이며, 계속해서 바뀌는 규칙에 논리적 근거를 기대하기는 어렵습니다.

'회계상으로는 인정되지만, 세무상으로는 인정되지 않는다'라는 표현은 다음과 같은 의미를 담고 있습니다. '회계상으로는'이라는 말은 '경제적 실체를 충실히 반영하는 입장에서는'이라는 뜻이고, '세무상으로는'이라는 말은 '국가가 국민에게서 세금을 징수하기 위해 설정한 기준에 따라서는'이라는 뜻입니다.

세금과
회계의 관계

그림 6-2에 나타냈듯이, **법인세와 지방소득세 등을 포함한 '법인세 등'은 손익계산서의 법인세비용차감전순이익 바로 아래에 계상**됩니다. 이러한 세금을 공제한 결과가 최종 이익인 당기순이익입니다.

그 외의 세금을 납부했을 때는 **제세공과금이라는 과목으로 분류되어, 판매비와 관리비에 계상**됩니다.

그림 6-2를 보면 법인세 등이 법인세비용차감전순이익 바로 아래에 기재되어 있는 탓에, 세전 이익에 세율을 곱한 것이 법인세 등이라고 오해할 수 있습니다. 하지만 실제로는 그렇지 않습니다.

이를 설명하기에 앞서, 몇 가지 용어를 먼저 확인해보겠습니다. 136쪽에서 손익계산서의 플러스와 마이너스를 각각 수익과 비용

비슷한 듯 다른 세무와 회계

그림 6-2 세금 계상

손익계산서	
매출액	XXX
매출원가	XXX
매출총이익	XXX
판매비와 관리비	XXX
...	
제세공과금	XXX ← '법인세 등' 이외의 세금
...	
영업이익	XXX
영업외수익	XXX
영업외비용	XXX
경상이익	XXX
특별이익	XXX
특별손실	XXX
법인세비용차감전순이익	XXX
법인세 등	XXX
당기순이익	XXX

이라고 부르며, 그 차액이 이익을 나타낸다고 설명했습니다. 또한, 현금흐름에서는 들어오는 금액을 수입, 나가는 금액을 지출이라 부르고, 그 차액을 수지라 한다고 설명했습니다.

여기서 추가로 알아두어야 할 세무 관련 용어가 있습니다. 세무에 서는 플러스 개념을 **익금**, 마이너스 개념을 **손금**이라고 부릅니다.

익금과 손금은 일상적으로 사용하는 용어가 아닙니다. 하지만 그 차액을 나타내는 소득은 친숙한 단어입니다. 소득세라는 이미 지 때문에 개인에게만 적용되는 것이라고 오해할 수 있지만, 사실 그렇지 않습니다. **소득은 개인이든 법인이든 관계없이, '벌어들인**

돈에서 사용한 돈을 뺀 나머지'를 의미하는 세법상의 용어입니다.

이 내용을 정리하면, 식 6-1, 6-2, 6-3과 같이 나타낼 수 있습니다.

손익계산서: 수익 - 비용 = 이익　　　(식 6-1)

현금: 수입 - 지출 = 수지　　　(식 6-2)

세무: 익금 - 손금 = 소득　　　(식 6-3)

이러한 용어들은 일반적인 사전에서는 정확한 의미를 알기 어렵습니다. 배경지식을 바탕으로 해야만 개념을 제대로 이해할 수 있습니다.

법인세 등의
계산 과정

수익 · 비용 · 이익과 익금 · 손금 · 소득의 차이

법인세 등은 이익이 아니라 소득에 세율을 곱해 계산합니다. 법인세 등을 계산할 때 기본이 되는 자료는 회사가 자체적으로 작성한 손익계산서입니다. 손익계산서의 수익과 비용이 각각 세법에서 정의하는 익금과 손금과 동일하다면, 이익이 그대로 소득이 됩니다. 그러나 일반적으로 수익과 비용, 익금과 손금 사이에는 차이가 있습니다. 따라서 이 차이를 수정해 이익을 소득으로 환산한 다음, 세율을 곱해 납세액을 계산합니다.

그렇다면 수익과 비용, 익금과 손금은 어떻게 다를까요? 수익과 익금은 거의 유사하지만, 비용과 손금 간에는 큰 차이가 있습니다.

그림 6-3 수익 · 비용과 익금 · 손금의 차이

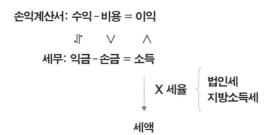

비용이면서 동시에 손금으로 인정되는 범위는 아주 작습니다(그림 6-3 참조).

한마디로 말하면, 세법은 손금으로 인정되는 범위에 각종 제한을 두고 있습니다. 그 결과 세무상의 소득은 회계상의 이익보다 커지는 경우가 많습니다. 이렇게 커진 소득에 세율을 곱하기 때문에, 정부가 의도한 대로 세금을 더 많이 걷을 수 있게 되는 것입니다.

소득은 익금과 손금에서 직접 구해도 되지만, 실제로는 수익과 익금의 차이, 비용과 손금의 차이를 당기순이익에서 더하고 빼는 세무조정을 거쳐 계산합니다.

세무조정에는 다음과 같은 네 가지 유형이 있습니다(그림 6-4 참조).

① **익금불산입:** 회계상으로 수익인 것을 세법상의 익금으로 인정하지 않음

② **익금산입:** 회계상으로 수익이 아닌 것을 세법상의 익금으로

비슷한 듯 다른 세무와 회계

그림 6-4 이익과 소득의 네 가지 차이

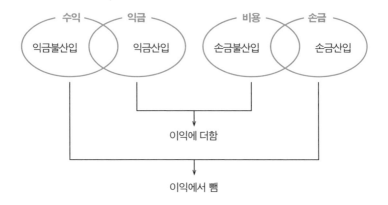

인정함

③ **손금불산입**: 회계상으로 비용인 것을 세법상의 손금으로 인
정하지 않음(가장 많은 항목)

④ **손금산입**: 회계상으로 비용이 아닌 것을 세법상의 손금으로
인정함

이 네 가지 유형의 차이를 당기순이익에 가감해 소득으로 환산
하는 것입니다. 익금산입 항목과 손금불산입 항목은 이익에 비해
소득이 증가하는 가산조정이며, 익금불산입 항목과 손금산입 항목
은 이익에 비해 소득이 감소하는 감산조정입니다.

법인세 등의 계산 과정

기업이 법인세 등을 계산하는 과정은 다음과 같습니다(그림 6-5 참조).

기업은 우선 재무제표를 작성합니다. 이 과정은 회계의 영역에 해당합니다. 그림 6-5의 손익계산서에서 법인세비용차감전순이익 (세전 당기순이익)을 계산한 다음, 그림 6-5의 오른쪽 세무의 영역으로 넘어갑니다.

그림 6-5 법인세 등의 계산 과정

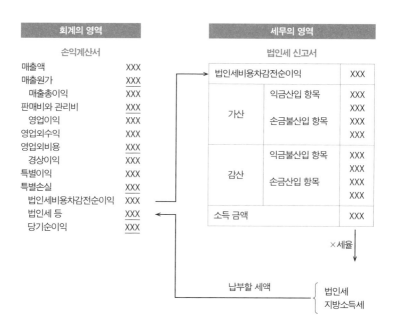

세무의 영역에서는 세무조정을 거쳐 세전 당기순이익을 과세소득으로 환산합니다. 그런 다음, 소득에 세율을 곱해 납부할 세액을 계산합니다.

이 과정에서 사용되는 서류가 바로 **법인세 신고서**입니다. 법인세 신고서는 여러 가지 양식의 서류로 구성되어 있습니다. 항목별 세무조정 결과는 소득금액조정합계표에 기록하고, 과세표준 및 세액조정계산서에서 세액을 산출합니다. 그 외 대부분의 서류는 계정과목별 명세서입니다.

참고로, 실제 신고서에서는 법인세가 차감된 세후 당기순이익을 기준으로 조정합니다. 이때 법인세는 손금불산입 처리되어 당기순이익에 가산되므로, 실질적으로는 세전 당기순이익에 대한 조정이라고 할 수 있습니다. 따라서 그림 6-5에서는 세전 당기순이익에 대해 조정하는 방식으로 표기했습니다.

법인세 신고서에서 세액 계산이 완료되면, 회계의 영역으로 돌아와 손익계산서에 법인세, 지방소득세 및 기타 세금을 반영합니다. 이러한 과정을 거쳐 최종적인 당기순이익을 산출하게 됩니다.

'세무회계'가
따로 존재하는 것은 아니다

회계기준과 세제의 괴리

'**세무회계**'라는 용어가 자주 사용되지만, 실제로 세무회계라는 독립된 회계 분야가 존재하는 것은 아닙니다. 물론 법인세 등은 회계 정보를 바탕으로 산출되므로 세무와 회계는 밀접한 관계가 있습니다. 그러나 세무와 회계는 엄연히 다릅니다.

회계는 기업의 경제적 실체를 정확히 반영하는 것을 목표로 하며, 합리성과 일관성을 중시합니다. 반면에 세무는 국민에게서 세금을 거두기 위한 기준을 설정하는 것이 목적이므로, 합리적 판단이 아니라 정치적 판단에 따라 결정됩니다. 따라서 세무 규칙은 자주 개정되며 일관성도 유지되지 않습니다.

비슷한 듯 다른 세무와 회계

실제로 **회계기준과 세제 간의 괴리는 점점 커지고 있습니다. 괴리가 커질수록 세무신고 시 조정해야 할 항목이 늘어나고, 이에 따라 세무 업무가 복잡해집니다.**

이처럼 복잡한 과정을 줄이기 위해, 일부 중소기업은 세무신고를 염두에 두고 처음부터 세법을 철저히 반영한 결산서를 작성하기도 합니다. 이렇게 하면 세무신고 시 필요한 조정을 최소한으로 줄일 수 있어 회계 업무가 간소화됩니다.

이처럼 처음부터 세법을 반영해 결산서를 작성하는 회계 방식을 흔히 '세무회계'라고 부릅니다.

회계기준을 철저히 준수해야 하는 기업

세무회계에 따른 결산서는 종종 회계기준을 일부분 무시하고 있기 때문에, 회계적으로 부적절할 가능성이 있습니다. 그러므로 세무회계에 따른 결산서가 허용되는 것은 회계기준을 엄격하게 지키지 않아도 되는 기업에 한정됩니다.

물론 회계기준을 지키는 것이 원칙입니다. 하지만 회계기준의 준수 여부를 점검하는 주체는 감사법인뿐입니다. 따라서 감사법인의 감사를 받지 않는 기업은 결산서가 '회계적으로' 적정하지 않아도 이를 문제 삼는 사람도 없고, 처벌받는 일도 없습니다.

그렇다면 감사를 받아야 할 의무가 있는 기업은 어떤 기업일까요? 대부분은 '상장기업'이라고 답하겠지만, 이미 2장에서 설명했듯이 상장하지 않았더라도 일정 요건을 충족한 기업에는 법적 감사 의무가 부과됩니다.

반대로, 규모가 크지 않고 상장하지 않은 기업에는 법적 감사 의무가 없습니다. 이러한 기업이 대다수이며, 감사 의무가 없는 기업은 회계기준을 철저히 지키지 않아도 딱히 문제가 되는 일은 없습니다.

이처럼 결산서에는 회계기준에 위반되는 부분이 있을 수 있지만, 일반적으로는 그 차이를 알아차리기 어렵고, 실제로 문제가 되는 경우도 드뭅니다. 하지만 문제가 발생한 후라면 급히 대응해야 하는 상황이 생길 수 있습니다.

대표적인 예가 상장을 준비하는 기업입니다. 상장을 목표로 하는 기업은 상장 전에 일정 기간 감사법인의 감사를 받아 결산 내용이 적정하다는 인증을 받아야 합니다. 이러한 기업 중에는 "우리 회사는 지금까지 세무사가 결산을 관리했기 때문에 아무 문제 없습니다!"라고 자신 있게 말하는 곳도 적지 않습니다. 그러나 실제로 감사가 시작되면 회계기준 위반 사항이 연달아 드러나 상장을 앞두고 큰 혼란에 빠지기도 합니다.

세무사는 세법에 따라 적법성을 확인하지만, 반드시 회계적으로 적정한지를 검토하는 것은 아닙니다. 세무사는 세금 관련 전문가일 뿐이며, 회계 전문가가 아닙니다. 이러한 이유로 세무적으로는 문제가 없지만, 회계적으로는 문제가 있는 상황이 발생할 수 있습니다.

법인세 신고서는 왜 '별표'라고 부르는가?

일본에서는 법인세 신고서를 다른 이름으로 **별표(別表)**[1]라 부릅니다. 별표란 '별도의 표'라는 의미이므로, 어딘가에 '본표'가 있을 법도 합니다. 하지만 본표라는 서류는 존재하지 않습니다. 그렇다면 왜 이런 독특한 명칭이 붙게 되었을까요?

이 명칭은 법인세법의 규정에서 유래한 것입니다. 법인세법에는 '익금과 손금으로 산입해야 할 금액은 별도의 규정이 없는 한 각각 수익과 비용의 금액으로 한다(법인세법 제22조)'라는 조항이 있습니다.

이 조항의 의미는, **'세무상의 익금과 손금은 기본적으로 회계상의 수익과 비용을 그대로 사용하는 것을 원칙으로 하되, 세법에 별도의 규정이 있는 경우 해당 규정에 따라 금액을 수정해야 한다'**라는 것입니다.

문제는 세법에 '별도의 규정'이 아주 많다는 점입니다. 법인세 신고서는 이러한 별도의 규정에 따라 회계상의 이익을 세무상의 소득으로 수정하기 위한 서류입니다. 따라서 법인세 신고서를 '별표'라고 부르는 것입니다.

굳이 비유하자면 본표는 기업이 작성한 회계상의 손익계산서이고, 별표는 이 손익계산서를 세법 기준에 맞게 수정하기 위한 보조 서류라고 할 수 있습니다.

---

1 우리나라의 법인세 신고서에는 '별지 제○호 서식'이라고 기재되어 있다.

비슷한 듯 다른 세무와 회계

비슷한 듯 다른 세무와 회계

✓ 세금의 종류(세목)는 크게 **국세와 지방세, 직접세와 간접세**로 나눌 수 있다. **국세와 지방세는 세금이 어디로 귀속되는지에 따른 구분이며, 국세는 국가, 지방세는 지방자치단체의 수입**이다. **직접세와 간접세의 차이는 세금을 실제로 부담하는 담세자와 세금을 납부하는 납세자의 일치 여부**이다. 담세자와 납세자가 일치하면 직접세, 일치하지 않으면 간접세이다.

✓ **회계**의 사명은 기업의 경제적 실체를 충실히 반영하는 것이므로 합리성이 중시된다. 반면에 **세무**는 국가의 효과적인 세금 징수를 위해 설계된 정치적인 목적의 규칙이다.

✓ 법인세와 지방소득세 등을 하나로 묶어 **법인세 등**이라고 하며, 손익계산서의 법인세비용차감전순이익 바로 아래에 계상된다. 그 외의 세금은 일반적으로 **제세공과금**이라는 계정과목으로 분류되어 판매비와 관리비에 계상된다.

✓ 세무상의 플러스 개념을 **익금**, 마이너스 개념을 **손금**, 익금과 손금의 차액을 **소득**이라고 한다. 익금과 수익, 손금과 비용은 각각 차이가 있으며, 특히 **비용이면서 동시에 손금으로 인정되는 항목은 드물다.**

✓ 법인세 등은 세무조정을 거쳐 손익계산서의 법인세비용차감전순이익을

과세소득으로 환산하고, 그 소득에 세율을 곱해 계산한다. 이 과정에서 사용되는 서류가 법인세 신고서이다.

✓ 세무신고만을 위해 서류를 작성하는 중소기업 등은 세법을 철저히 반영해 결산서를 준비하는 경우가 많다. 세무신고를 염두에 두고 세법을 의식해 결산서를 작성하는 회계를 세무회계라고 한다.

비슷한 듯 다른 세무와 회계

ACCOUNTING

현금흐름표에서
알 수 있는 것

현금흐름표는
왜 필요한가?

현금흐름표는 재무제표의 하나로 재무상태표, 손익계산서와 함께 '**재무 3표**'로 불리기도 합니다. 다만, 현금흐름표는 사실상 상장기업이나 일정 규모 이상의 비상장기업에만 작성 의무가 있기 때문에 모든 기업이 현금흐름표를 작성하는 것은 아닙니다.

현금흐름표를 작성하지 않더라도 현금흐름 정보의 중요성은 변하지 않습니다. 현금흐름표의 작성 의무가 없는 기업이라도, 어떤 형태로든 정기적으로 현금흐름 정보를 확인해야 합니다. **이익만 봐서는 현금의 상태를 전혀 알 수 없기 때문**입니다.

가끔 현금흐름표를 보면 무엇을 알 수 있느냐는 질문을 받습니다. 그 질문에 현금의 상태를 알 수 있다고 답하면, "그게 전부인가요?"라는 반응이 돌아오곤 합니다. 현금흐름의 중요성이 강조되다

현금흐름표에서 알 수 있는 것

보니, 현금흐름표에서 특별한 사실을 알 수 있을 것이라 기대한 것이겠지요. 그래서 현금의 상태를 알 수 있다는 당연한 대답에 실망한 것입니다.

현금흐름표를 통해 알 수 있는 것은 '현금의 상태' 그 자체입니다. 하지만 이익만으로는 현금의 상태를 전혀 알 수 없다는 사실을 이해하는 것이 가장 중요합니다.

보통 사람들은 실적이 좋은 회사라면 현금흐름에도 여유가 있다고 생각합니다. 그래서 은연중에 이익을 보면 대략적인 현금의 상태를 알 수 있다고 믿는 것입니다. 하지만 여러 번 강조했듯이, 이익만으로는 현금의 상태를 알 수 없습니다. '전혀' 알 수 없다고 해도 과언이 아닙니다.

현금이 없으면 기업은 도산합니다. 반면에 아무리 적자라도 현금만 있으면 기업은 도산하지 않습니다. 은행에서 자금을 빌릴 수 있다면 기업은 도산하지 않습니다. 반대로, 아무리 흑자라도 현금이 부족해지는 상황은 충분히 발생할 수 있습니다. 현금이 부족하면 도산할 위험성이 높아지므로 **현금흐름 정보를 직접 확인할 필요가 있는 것입니다.**

이익과 현금은
왜 다른가?

이익과 현금이 다른 이유는 세 가지로 정리할 수 있습니다.

첫 번째 이유는 138쪽에서 설명한 **발생주의**에 있습니다. 발생주의란, '손익계산서의 정보는 현금흐름이 아닌 경제적 사실의 발생에 근거해 계상한다'라는 개념입니다. 따라서 **손익계산서의 정보는 현금의 움직임과 분리되어 있습니다.**

두 번째 이유는 **투자나 차입에 따른 현금의 유출입이 손익계산서에 계상되지 않는다는 점**입니다.

투자를 하면 거액의 현금이 유출되고, 차입을 하면 거액의 현금이 유입되지만, 어느 쪽도 손익계산서에는 반영되지 않습니다. 신주를 발행해 자본시장에서 자금을 조달했을 때도 현금은 증가하지만, 손익계산서에는 계상되지 않습니다.

현금흐름표에서 알 수 있는 것

세 번째 이유는 **현금의 움직임과 전혀 연동되지 않는 손익 항목이 존재**한다는 점입니다. 대표적인 예로는 **감가상각비**와 **충당금**이 있습니다. 감가상각의 대상이 되는 자산을 취득하면 이후 몇 년에 걸쳐 감가상각비를 나누어 계상합니다. 하지만 해당 자산을 취득할 때 이미 관련된 모든 현금 지출은 완료된 상태이므로, 감가상각비가 계상되는 시점에는 현금유출이 발생하지 않습니다.

충당금도 마찬가지입니다. 충당금은 미래에 발생할지도 모르는 현금유출에 대비해 미리 비용을 계상하는 것이므로, 계상 시점에서 실제 현금유출은 발생하지 않습니다. 또한, 미래의 현금유출도 단지 가능성에 불과하므로 실제로는 현금유출이 발생하지 않을 수 있습니다.

이와 같은 이유로 이익과 현금이 달라지는 것입니다.

현금흐름표의
구조

이제 현금흐름표의 구조를 살펴보겠습니다. 그림 7-1은 대형 유통 그룹을 총괄하는 **이온 주식회사**의 연결현금흐름표입니다.

　현금흐름표의 가장 큰 특징은 **영업활동으로 인한 현금흐름, 투자활동으로 인한 현금흐름, 재무활동으로 인한 현금흐름**이라는 세 가지 부분으로 구성되어 있다는 점입니다. 이 세 가지는 간단히 '**영업활동현금흐름**', '**투자활동현금흐름**', '**재무활동현금흐름**'이라고도 불립니다.

　이 세 가지 현금흐름을 합한 것이 그림 7-1의 아래에서 세 번째 줄에 있는 '**현금 및 현금성자산의 증감**'입니다. 이것이 플로(flow)의 개념에 해당하는 현금흐름이며, 이를 계산하는 것이 현금흐름표의 역할입니다.

　　　　　　　　　　　　　　　　　현금흐름표에서 알 수 있는 것

그림 7-1 주식회사 이온의 연결현금흐름표(2022년 2월기)

(단위: 천만 원)

영업활동현금흐름	
당기순이익	122,823
감가상각비	307,182
영업권상각비	13,843
대손충당금의 증감(△은 감소)	△9,442
이자수익 및 배당금수익	△6,364
이자비용	34,584
유형자산처분손익	△2,027
유형자산제각손실	3,892
매출채권의 증감(△은 증가)	△39,601
재고자산의 증감(△은 증가)	6,285
매입채무의 증감(△은 감소)	△117,884
기타	2,076
소계	315,367
이자 및 배당금수익	8,937
이자지급액	△34,446
법인세 등의 납부액	△85,406
영업활동현금흐름	204,452
투자활동현금흐름	
투자자산의 취득	△12,177
투자자산의 처분 또는 상환	35,469
유형자산의 취득	△352,521
유형자산의 처분	10,050
투자증권의 취득	△3,479
투자증권의 처분	1,770
기타	△22,966
투자활동현금흐름	△343,854
재무활동현금흐름	
단기차입금 및 상업어음의 증감(△은 감소)	62,282
장기차입금의 차입	245,836
장기차입금의 상환	△289,033
사채의 발행	196,967
사채의 상환	△111,804
자기주식의 취득	△31
배당금의 지급	△30,601
기타	△75,823
재무활동현금흐름	△2,207
현금 및 현금성자산의 환율변동효과	15,477
현금 및 현금성자산의 증감(△은 감소)	△126,131
기초 현금 및 현금성자산	1,217,054
기말 현금 및 현금성자산	1,090,923

영업활동현금흐름

투자활동현금흐름

재무활동현금흐름

← 현금흐름

현금

한편, '현금 및 현금성자산의 증감' 바로 위에 있는 '현금 및 현금성자산의 환율변동효과'는 환율 변환에 따른 차액을 의미합니다. 지금은 크게 신경 쓰지 않아도 좋습니다.

마지막 두 줄은 스톡(stock)의 개념에서 본 현금입니다. 기초 잔액에 당기 증감액을 더해 기말 잔액을 계산한 값입니다. 현금흐름표의 본래 목적이 현금흐름(cash flow)을 계산하는 것이므로, 이 마지막 두 줄은 부가적인 정보에 해당합니다.

세 가지 현금흐름의 의미

그림 7-2와 같이 세 가지 현금흐름을 입체적으로 살펴보겠습니다. 이런 식으로 접근하면 각 현금흐름의 의미를 명확히 이해할 수 있습니다.

그림 7-2를 보면 기업을 중심으로, 오른쪽에는 주주와 채권자 등의 자금 제공자, 왼쪽에는 자산이 있습니다. 이 구조는 재무상태표의 구조와 같습니다.

현금은 먼저 오른쪽의 자금 제공자를 통해 들어옵니다. 기업은 이 자금을 바탕으로 투자해 자산이라는 구조를 형성합니다. 이것이 **투자활동현금흐름**입니다.

현금흐름표에서 알 수 있는 것

그림 7-2 세 가지 현금흐름

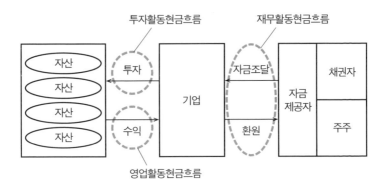

기업은 이렇게 만들어진 자산 구조를 활용해 일상적으로 수익을 창출합니다. 이것이 **영업활동현금흐름**입니다.

영업활동에서 얻은 현금은 다시 오른쪽의 자금 제공자에게 환원됩니다. 이처럼 자금조달과 수익의 환원을 포함하는 것이 **재무활동현금흐름**입니다. 일반적으로 **재무활동**은 자금 제공자와의 거래를 의미합니다.

세 가지 현금흐름은 플러스(+)와 마이너스(-)로 나타냅니다. **현금이 유입되면 플러스, 유출되면 마이너스입니다.** 그림 7-2에서 보면 화살표가 기업 쪽으로 들어오는 방향이 플러스, 기업 밖으로 나가는 방향이 마이너스입니다.

영업활동현금흐름에서 '영업'이란 **'본업'**을 의미합니다. 기업의 주된 영업활동을 통해 발생한 현금흐름이므로, **영업활동현금흐름은 기본적으로 플러스**여야 합니다.

투자활동현금흐름에서 '투자'란 **'자금 투입'**을 의미합니다. 성장의 발판이 되는 구조를 만들기 위해 일부러 현금을 사용하는 것이므로, **투자활동현금흐름은 대체로 마이너스**입니다.

재무활동현금흐름의 부호는 영업활동현금흐름과 투자활동현금흐름에 따라 달라집니다. 영업활동과 투자활동을 통틀어서 **경영활동**이라고 합니다. 영업활동에 따른 현금유입이 투자활동으로 인한 현금유출을 초과하지 못하면, 경영활동(영업+투자)에 필요한 자금이 부족해질 가능성이 있습니다. 이 경우, 추가적인 자금조달이 필요하며 자금 제공자에 대한 환원보다 자금조달 금액이 더 커집니다. 결과적으로 **재무활동현금흐름 전체가 플러스**가 됩니다.

반대로 영업활동에 따른 현금유입이 투자활동으로 인한 현금유출을 초과한다면, 경영활동에 필요한 자금이 충분히 확보되므로, 추가적인 자금조달이 필요하지 않습니다. 이 경우, 기업은 자금 제공자에게 더 많이 환원할 수 있는 상태가 됩니다. 주주에게는 배당이나 자사주 매입으로, 채권자에게는 사채 상환이나 차입금 상환으로 환원을 진행합니다. 이때 자금 제공자에 대한 환원 금액이 자금조달 금액보다 커지므로, **재무활동현금흐름 전체가 마이너스**가 됩니다.

현금흐름표에서 알 수 있는 것

잉여현금흐름
(FCF)

> 잉여현금흐름 = 영업활동현금흐름 + 투자활동현금흐름 　　(식 7-1)

여기에서는 **잉여현금흐름**(Free Cash Flow, FCF)에 대해 알아보겠습니다. 잉여현금흐름은 현금흐름표에 포함되지 않지만, 매우 자주 사용되는 중요한 개념입니다.

　잉여현금흐름을 계산하는 법에는 여러 가지가 있지만, 현금흐름표를 기반으로 했을 때 가장 이해하기 쉬운 것은 식 7-1과 같은 방식입니다. 이 식을 풀어 설명하면, '잉여현금흐름은 영업활동현금흐름과 투자활동현금흐름의 합계'라는 뜻입니다. 다만, '합계'라고 표현하면 잉여현금흐름의 의미를 명확히 이해하기 어려울 수 있습니다.

$$\text{잉여현금흐름} = \text{영업활동현금흐름} - \text{투자활동현금흐름} \quad \text{(식 7-2)}$$

물론 영업활동현금흐름과 투자활동현금흐름은 각각 플러스(+)도 마이너스(-)도 될 수 있기 때문에, 식 7-1과 같이 나타낼 수밖에 없습니다. 하지만 기본적으로 영업활동현금흐름은 플러스, 투자활동현금흐름은 마이너스라는 점을 고려하면, 잉여현금흐름을 식 7-2와 같이 나타낼 수 있습니다.

이 식을 풀어 설명하면, **'잉여현금흐름은 영업활동현금흐름에서 투자활동현금흐름을 뺀 나머지'**라는 뜻입니다. 그림 7-3에 나타냈

그림 7-3 잉여현금흐름

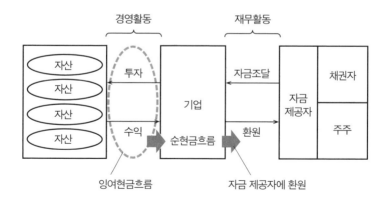

현금흐름표에서 알 수 있는 것

듯이, 경영활동에서 현금을 사용하고 회수한 다음 **최종적으로 수
중에 남은 순현금흐름**입니다.

이렇게 수중에 남은 순현금흐름은 기업이 자유롭게 사용할 수
있는 자금입니다. 그래서 '잉여(free)'라고 부르는 것이지요. 더 넓
은 관점에서 보면, 이 돈은 자금 제공자(주주와 채권자)를 대상으로
자유롭게 사용할 수 있는 자금입니다. 경영활동에서 남은 순현금
흐름이 자금 제공자에게 수익을 환원하기 위한 원천이기 때문입니
다. 따라서, 잉여현금흐름은 '주주와 채권자에게 귀속되는 현금흐
름'이라고도 표현할 수 있습니다.

잉여현금흐름은 플러스가 기본

FCF = 영업활동 CF - | 투자활동 CF |　　(식 7-3)
영업활동 CF 〉| 투자활동 CF |　　(식 7-4)

안정성의 관점에서 보면, **잉여현금흐름은 플러스가 기본**입니다. 잉
여현금흐름이 플러스라면 추가로 자금을 조달할 필요가 없으므로,
기업의 안정성이 손상되지 않습니다. 반대로 잉여현금흐름이 마이
너스가 되면 자금조달이 필요하게 됩니다. **잉여현금흐름이 마이너**

스인 상태가 이어지면, 끊임없이 자금을 조달해야 하므로 언젠가는 자금운용이 막히는 위험에 처할 수 있습니다.

그렇다면 잉여현금흐름은 어떻게 해야 플러스가 될 수 있을까요? 여기서부터는 잉여현금흐름을 FCF, 영업활동현금흐름을 영업활동 CF, 투자활동현금흐름을 투자활동 CF라고 표기하겠습니다.

투자활동 CF ⟨ 0을 전제로 하면 식 7-3과 같습니다. 따라서, FCF ⟩0이 되려면 식 7-4가 성립해야 합니다. 이는 곧 투자로 유출되는 현금보다 더 많은 영업활동현금흐름을 창출해야 한다는 뜻으로, '쓴 돈보다 더 많은 돈을 벌어야 한다'라는 매우 단순한 원칙을 의미합니다. 투자 수준에 초점을 맞춘다면, '투자로 유출되는 현금을 영업활동현금흐름의 범위 내로 제한'하라는 뜻으로도 설명할 수 있습니다.

이 표현은 경영자들이 종종 쓰는 말이기도 합니다. 이 말은 즉, 투자를 일상적인 수익의 범위 내로 제한하라는 뜻으로, 연 수입을 초과하는 지출은 하지 말자는 이야기와 같습니다. 연 수입보다 많은 금액의 소비를 하면 대출을 받아야 하는 상황이 됩니다. 기업으로 따지면 재무활동현금흐름에 의존하게 되는 것이지요. 그러한 소비는 지양하자는 의미입니다.

현금흐름표에서 알 수 있는 것

오리엔탈랜드의 FCF는 왜 마이너스가 됐을까?

그림 7-4는 도쿄 디즈니 리조트를 운영하는 **오리엔탈랜드**의 잉여현금흐름을 정리한 자료입니다. 이 표를 보면, **2000년 3월부터 2002년 3월 결산에 걸쳐 잉여현금흐름이 마이너스를 기록**하고 있다는 것을 알 수 있습니다. 특히 2001년 3월 결산을 보면 투자에 유출된 현금이 영업활동현금흐름의 5배 이상에 달했고, 잉여현금흐름이 큰 마이너스를 기록했습니다.

앞서 잉여현금흐름은 플러스로 유지하는 것이 기본이라고 했습니다. 그렇다면 이 수치는 무엇을 의미하는 것일까요? 이를 이해하려면 오리엔탈랜드의 사업 특성을 고려할 필요가 있습니다.

그림 7-4 주식회사 오리엔탈랜드의 현금흐름

	2000년 3월	2001년 3월	2002년 3월	2003년 3월	2004년 3월
영업활동 CF	18,404	33,650	62,805	84,591	61,213
투자활동 CF	△72,506	△171,512	△114,264	△27,807	△34,540
FCF	△54,102	△137,862	△51,459	56,784	26,673
재무활동 CF	44,017	91,652	23,012	△33,453	△59,226

오리엔탈랜드의 주된 사업인 테마파크는 재방문율이 매우 중요합니다. 테마파크는 점포를 확장하는 방식이 아니라, 항상 같은 장소에서 운영하기 때문입니다. 스스로 움직이지 않기 때문에 같은 고객이 여러 번 방문하도록 유도해야 합니다. 같은 장소에 고객이 여러 번 방문하게 하려면, 고객이 질리지 않도록 운영 방식을 끊임없이 변화시킬 필요가 있습니다. 오리엔탈랜드는 고객의 재방문을 유도하기 위해 새로운 놀이기구를 만들고, 다양한 이벤트와 퍼레이드를 개최합니다. 그러려면 지속적인 추가 투자가 필수입니다.

그중에서도 특히 2001년은 오리엔탈랜드가 도쿄 디즈니씨를 개장함으로써 초대형 투자를 완성한 해입니다. 같은 시기에 호텔 두 곳과 상업 시설인 익스피어리를 건설했으며, 넓은 부지를 이동하기 위한 모노레일까지 새로 만들었습니다.

놀이기구 하나를 새로 만드는 정도였다면 영업활동현금흐름을 초과하지 않았을 것입니다. 그러나 이 정도의 대규모 투자를 영업활동현금흐름만으로는 감당할 수 없었고, 그 과정에서 잉여현금흐름이 크게 마이너스를 기록한 것입니다.

재무활동현금흐름은 2000년 3월부터 2001년 3월 결산에 걸쳐 2배 이상 증가했습니다. 이는 차입금 증가에 따른 결과입니다. 이후의 상황을 살펴보면, 2003년 3월부터는 상황이 반전되어 잉여현금흐름을 창출하기 시작합니다. 이에 따라 재무활동현금흐름도 플

현금흐름표에서 알 수 있는 것

러스에서 마이너스로 전환되었습니다. 여유 자금이 생기면서 차입금을 상환했기 때문입니다.

FCF >0은 무엇을 위한 것인가?

오리엔탈랜드의 잉여현금흐름은 특정 시기에 큰 마이너스를 기록했습니다. 그러나 제조업 등의 타업종은 시기와 상관없이 잉여현금흐름이 자주 마이너스로 나타납니다. 토요타 자동차에서도 그런 경향을 찾아볼 수 있습니다.

일본의 자동차 시장에서는 제품의 라이프 사이클이 짧은 편입니다. 따라서 모델 교체가 빈번하게 이루어지며, 설비 교체를 위한 투자 비용이 계속해서 발생합니다. 또한, 연구개발에 끊임없이 투자하지 않으면 치열한 경쟁 속에서 살아남을 수 없습니다. 잉여현금흐름이 종종 마이너스를 기록하는 것은 이러한 이유 때문이라고 생각할 수 있습니다.

오리엔탈랜드나 토요타 자동차와 같은 고수익 기업의 잉여현금흐름이 마이너스라는 점에는 중요한 시사점이 있습니다. **현금을 사용하지 않고서는 새로운 부를 창출할 수 없다는 것입니다. 필요한 곳에 과감히 자금을 투입하지 않으면 큰 부를 얻을 수 없습니**

다. 경영은 단순히 비용을 절감하고 아끼는 것이 다가 아니라는 뜻입니다.

그렇다면 왜 'FCF > 0'이 기본이라고 하는 것일까요? 이 말은 어디까지나 안정성의 관점에서 본 기준입니다. 물론, 우리가 연 수입의 범위 내에서만 소비한다면 재정적으로 안전할 수 있습니다. 하지만 그런 삶이 과연 재미있을까요? 많은 이들이 안전만 추구하는 지루한 삶을 벗어나고자, 대출을 받아 집이나 자동차와 같은 고가의 물건을 사기도 합니다. **기업도 마찬가지입니다. 성장하기 위해서는 잉여현금흐름을 마이너스로 만들어서라도 과감하게 자금을 사용할 필요가 있습니다.**

현금흐름표에서 알 수 있는 것

✓ 현금흐름 정보가 중요한 이유는 **이익이 흑자라도 현금이 없으면 기업이 도산하기 때문**이다. 반대로 아무리 적자라도 현금만 있으면 기업은 도산하지 않는다.

✓ **현금흐름표는 사실상 상장기업이나 일정 규모 이상의 비상장기업에만 작성 의무가 있다.** 하지만 **이익만으로는 현금의 상태를 파악하는 것이 불가능**하므로, 모든 기업은 어떤 형태로든 정기적으로 현금흐름 정보를 확인하는 것이 좋다.

✓ 이익과 현금이 다른 이유로는, ① **손익계산서의 정보가 현금흐름과 분리되어 있다는 점** ② **투자나 차입에 따른 현금 유출입이 손익계산서에 반영되지 않는 점** ③ **감가상각비나 충당금처럼 현금의 움직임과 전혀 연동되지 않는 손익 항목이 존재한다는 점**이 있다.

✓ 현금흐름표는 **영업활동으로 인한 현금흐름**(영업활동현금흐름), **투자활동으로 인한 현금흐름**(투자활동현금흐름), **재무활동으로 인한 현금흐름**(재무활동현금흐름)의 세 가지 항목으로 구성된다.

✓ 자산이라는 구조를 형성하기 위해 자금을 투입하는 활동에서 발생하는 현금의 움직임을 **투자활동현금흐름**, 자산이라는 구조를 활용해 본업에서 창

출한 현금의 움직임을 **영업활동현금흐름**, 주주와 채권자 등의 자금 제공
자와의 거래(자금조달과 환원)에서 발생하는 현금의 움직임을 **재무활동현금
흐름**이라고 한다.

✓ '**현금흐름이 플러스**(+)'라면 기업으로 현금이 유입된 것이며, '**현금흐름
이 마이너스**(-)'라면 기업에서 현금이 유출된 것을 말한다.

✓ **기본적으로 영업활동현금흐름은 플러스, 투자활동현금흐름은 마이너스**
이다. **재무활동현금흐름은 자금조달 금액이 자금 제공자에 대한 환원보다
크면 플러스, 자금 제공자에 대한 환원이 자금조달 금액보다 크면 마이너
스**가 된다.

✓ **잉여현금흐름**은 투자활동에서 현금을 사용하고, 영업활동에서 현금을 회
수한 다음 최종적으로 손에 남은 순현금흐름을 말한다.

✓ **안정성의 관점에서 보면 잉여현금흐름은 플러스인 것이 바람직**하지만, 기
업이 성장하기 위해서는 **때로 잉여현금흐름이 마이너스가 될 정도의 과감
한 투자도 필요**하다.

현금흐름표에서 알 수 있는 것

경영관리에
필수적인
관리회계

ACCOUNTING

관리회계는 의사결정에 공헌했을 때 비로소 쓸모가 있다

맥도날드의 경영방침은 '실패 전략'?

일본 맥도날드 홀딩스 주식회사는 2015년 12월 결산의 매출원가가 직영점의 매출액을 초과했습니다. 이후 최종 발표된 결산서에서는 이 부분이 수정되었지만, 매출총이익의 단계에서 이미 적자가 발생한 것입니다. 당시 유통기한이 지난 닭고기 사용과 이물질 혼입 등, 여러 불미스러운 사건이 연이어 발생하면서 고객이 이탈한 것이 주요 원인이었습니다.

큰 적자를 기록한 일본 맥도날드를 두고 유력 언론매체는 강도 높은 비판을 가했습니다. 해당 기사는 "원가보다 낮은 가격으로 상품을 팔면 적자가 날 것이 뻔하다. 이러한 전략을 실행한 글로벌

기업이 있다. 바로 일본 맥도날드 홀딩스다. 수많은 인재를 거느리며 숫자에 밝은 이 회사가 사업의 기본을 잊어버린 것일까?"라는 신랄한 풍자로 시작합니다. 그리고 일본 맥도날드의 경영방침을 '팔면 팔수록 적자가 불어나는 실패 전략'이라고 단언했습니다.

매출원가가 매출액보다 크면 적자가 나는 것도, 상황이 심각했던 것도 사실입니다. 그러나 팔면 팔수록 적자가 불어난다는 주장은 옳지 않습니다. 이러한 상황에서는 가능한 한 많이 파는 것이 올바른 판단입니다. 일본 맥도날드가 사업의 기본을 어긴 게 아니라, 기자가 기본을 잘못 이해하고 있는 것이지요.

이러한 문제는 재무제표상의 정보만으로는 알 수 없습니다. 이럴 때 필요한 것이 바로 **관리회계**입니다. 관리회계는 Management Accounting, 즉 **경영관리를 위한 회계**입니다. 여기서 말하는 '관리'에는 예산관리와 같은 업무도 포함됩니다. 하지만 관리회계의 본질은 중요한 순간마다 올바른 **경영 판단**을 내리도록 도와주는 것, 다시 말해 **의사결정**을 지원하는 것입니다.

의사결정은 여러 선택지 중 하나를 선택하는 과정으로, 이는 경영에만 국한되지 않습니다. 사실 인생 자체가 의사결정의 연속입니다. 어떤 학교에 갈지, 어떤 일을 할지, 어느 회사에 입사할지, 이직할지, 혹은 독립할지를 고민하며 누구나 중요한 순간에 여러 선택지 중 하나를 선택해왔을 것입니다. 그리고 선택한 것을 제외한 나머지 모든 선택지를 버리는 것, 그것이 바로 의사결정입니다.

피자 가게가 본 손해는 얼마일까?

일본 맥도날드의 이야기는 잠시 뒤로 미루고, 다음 문제를 생각해 봅시다. 매달 평균 2,000판의 피자를 만드는 피자 가게를 예로 들 겠습니다. 이 피자 가게에서는 피자 한 판을 8,000원에 판매하고 있으며, 직원 2명이 근무하고 있습니다. 이들의 월 인건비 합계는 400만 원이고, 피자의 재료비는 한 판당 3,000원이며, 매달 점포 임차료 등의 고정비로 200만 원이 듭니다. 이 조건에서 피자 한 판을 판매했을 때의 이익은 그림 8-1과 같습니다.

그림 8-1 피자 한 판을 판매했을 때의 이익

매출액	8,000원
매출원가(※)	6,000원
이익	2,000원

(※) 재료비: 3,000원
인건비: 400만 원÷2,000판=2,000원
고정비: 200만 원÷2,000판=1,000원
6,000원

　　　　　　　　　　　경영관리에 필수적인 관리회계

손님이 많지 않아 시간에는 여유가 있는 상황이며, 손님 1명당 피자는 한 판만 주문한다고 가정합니다. 이때 다음 두 가지 사례에 대해 생각해봅시다.

① 피자를 손님에게 내놓다가 한 판을 떨어뜨렸다. 손님에게 새로운 피자를 만들어 제공했다.
② 손님이 가게에 들어왔지만, 사나운 개가 있었다. 손님이 자리에 앉지 않고 떠났다.

각각의 사례에서 발생한 손실액은 얼마일까요? 참고로 ①은 '추가로 만든 피자 한 판의 원가 6,000원', ②는 '아무 일도 일어나지 않은 것과 같으므로 손실액은 0원' 혹은 '개가 나타나서 놓친 이익 2,000원'이라고 대답하는 사람이 많습니다.

이러한 손익 문제를 올바르게 판단하려면 다음 세 가지 요점을 이해해야 합니다.

첫 번째는 **비교 대상을 명확히 하는 것**입니다. 손익은 상대적인 개념이며, 절대적인 손익이란 거의 존재하지 않습니다. 예를 들어 주식을 팔아서 손해를 봤다는 사람이 있다면, 그는 예전에 매수한 가격을 기준으로 이야기하고 있는 것입니다. 매수 가격보다 낮은 금액에 팔았으니, 손해를 봤다고 하는 것이지요.

반면에 다른 누군가는 같은 주식을 팔지 않고 가지고 있다가, 주가가 더 하락하는 바람에 어쩔 수 없이 팔았을 수도 있습니다. 그러면 이 사람은 먼저 주식을 처분한 사람을 보고, 저 사람은 그때 팔아서 이익을 봤다고 할 것입니다. 이렇게 같은 주식을 매도한 상황이라도 무엇과 비교하느냐에 따라 손실이 될 수도, 이익이 될 수도 있습니다. 따라서 비교 대상을 명확히 하지 않으면 손익을 판단할 수 없습니다.

일반적으로 **비교 대상은 '바람직한 상황'**이어야 합니다. 여러분은 ①과 ②의 사례에서 바람직한 상황이 무엇인지 알고 있었을 것입니다. 바람직한 상황과는 다른 일이 발생했기 때문에 ①과 ② 모두 손해를 봤다고 인식한 것이지요. 피자 가게에서 원하는 바람직한 상황은 단순합니다. '손님에게 낼 피자를 떨어뜨리지 않는다', 그리고 '음식점에 개가 나타나지 않는다'입니다. 바람직한 상황과 일어난 일의 차이가 바로 손실입니다.

두 번째는 **가능한 한 요소를 세분화하는 것**입니다.

①에서 손실이라고 착각하기 쉬운 원가 6,000원은 재료비, 인건비, 고정비라는 세 가지 요소로 구성되어 있습니다. 실제로 제품의 제조원가는 이렇게 여러 가지 비용을 포함합니다. 하지만 각 비용은 성격이 전혀 다르기 때문에, 이를 하나로 묶으면 올바른 의사결정을 할 수 없습니다. 따라서 비용은 묶지 말고 개별 요소로 다루

어야 합니다.

어떻게 보면 당연한 이야기 같지만, 실제 업무에서 이를 실행하기는 어렵습니다. 그림 8-1과 같은 원가 구성 정보를 제대로 파악하기란 쉽지 않기 때문입니다. 더군다나 원가 자체가 여러 비용으로 구성된다는 인식조차 없는 경우도 많습니다. 결국 '피자 한 판의 원가 6,000원'이라는 정보만이 부각되어 판단을 흐리게 만듭니다. 사람은 눈에 보이는 정보에 의존하기 쉽습니다. 그러므로 '피자 한 판의 원가 6,000원'이라는 정보를 보고, 피자 한 판을 만들면 6,000원이 들고, 만들지 않으면 6,000원을 절약할 수 있다고 착각하는 것입니다.

올바른 의사결정을 위한 세 번째 요점은 **변하는 부분과 변하지 않는 부분을 구분하는 것**입니다. **비용은 변동비와 고정비라는 관점에서 접근해야** 합니다. 의사결정이란 여러 선택지 중 하나를 선택하는 과정이므로, 비교 중인 선택지 간에 **변하는 부분과 변하지 않는 부분을 명확히 인식하는 것이 중요**합니다. 하지만 사람의 사고는 눈에 보이는 정보에 좌우되기 쉽습니다. 따라서 원가를 보면 실제로 변하지 않는 비용조차도 마치 생산량에 따라 변하는 것처럼 착각하게 됩니다.

피자를 떨어뜨린 경우

그림 8-2를 참고하면서 앞서 설명한 세 가지 요점을 바탕으로 분석해보겠습니다. 먼저, 피자를 떨어뜨린 상황①에서는 '피자를 떨어뜨렸다'와 '피자를 떨어뜨리지 않았다'를 비교해야 합니다. 비교할 요소는 매출액, 재료비, 인건비, 고정비입니다. 각각의 요소를 비교 대상과 비교했을 때 변동이 있는지 살펴봅니다.

먼저 매출액은 피자를 떨어뜨리든 떨어뜨리지 않든, 결국 손님에게 피자를 제공하므로 두 상황 모두 8,000원의 매출액이 발생합니다. 따라서 매출액의 차이는 0원, 즉 변화가 없습니다. 다음은 재료비입니다. 피자를 떨어뜨리지 않았다면 한 판을 만드는 데 3,000원의 재료비가 듭니다. 그러나 피자를 떨어뜨려 다시 만들었기 때문에 3,000원이 추가로 발생했고, 재료비는 총 6,000원이 됩니다. 따라서 재료비에서는 3,000원의 추가 비용이 발생했습니다. 이제 문제는 피자를 다시 만들었을 때 인건비와 점포 임차료 등의 고정비가 증가하는가 아닌가입니다.

결론적으로 인건비는 피자를 다시 만든다고 해서 증가하지 않습니다. 잔업수당이 발생할 수도 있겠지만, 피자 한 판을 만드는 데 잔업이 필요할 가능성은 거의 없습니다. 점포 임차료와 같은 고정비도 만든 피자의 개수와는 상관없이 매달 동일합니다. 따라서 인

그림 8-2 피자 가게의 손실

① 피자를 한 판 떨어뜨린 경우

	떨어뜨렸다	떨어뜨리지 않았다	차액
매출액	+8,000원	+8,000원	0원
재료비	△6,000원	△3,000원	△3,000원
인건비	△400만 원/월	△400만 원/월	0원
고정비	△200만 원/월	△200만 원/월	0원
합계			△3,000원

② 사나운 개가 나타난 경우

	개가 나타났다	개가 나타나지 않았다	차액
매출액	0원	+8,000원	△8,000원
재료비	0원	△3,000원	+3,000원
인건비	△400만 원/월	△400만 원/월	0원
고정비	△200만 원/월	△200만 원/월	0원
합계			△5,000원

건비와 고정비에서 발생한 차액은 0원입니다. 정리하면 매출액의 변화는 없고 재료비에서 3,000원의 추가 비용이 발생하며, 인건비와 고정비 역시 변동이 없으므로 최종적인 손실은 3,000원이라는 결론이 됩니다.

사나운 개가 나타난 경우

사나운 개가 나타난 상황②에서도 먼저 비교 대상을 명확히 해야 합니다. 여기서 비교 대상은 '개가 나타났다'와 '개가 나타나지 않았다'입니다. 요소 분해는 상황①과 똑같이 진행합니다.

실제로 '아무 일도 일어나지 않은 것과 같으므로 손실액은 0원'이라는 답변이 많이 돌아옵니다. 재무회계의 관점에서 보면 이 답변은 정답입니다. 재무회계는 과거의 사실을 그대로 기록하는 회계입니다. 따라서 애초에 아무 일도 일어나지 않은 상황과, 개를 보고 손님이 돌아간 바람에 아무 일도 없었던 상황을 과거 사실로서 기록하면 똑같이 0원인 것입니다.

그러나 0원이라는 정보로는 나쁜 일이 발생했다는 사실을 아무도 인식하지 못하며, 적절한 대처도 할 수 없습니다. 이는 경영관리 측면에서 아무런 의미가 없는 정보입니다.

따라서 관리회계에서는 다음과 같이 접근합니다. 이러한 접근법은 관리회계 특유의 방식이며, 비교 대상과 바람직한 상황을 명확히 정의해야 비로소 도출할 수 있는 관점입니다.

이 사례에서 바람직한 상황은 음식점에 개가 나타나지 않는 것입니다. 개가 나타나지 않았다면 손님은 그대로 피자를 먹고 8,000원의 매출액이 발생합니다. 그러나 실제로는 개가 나타남으로써 매출액이 0원이 되었으므로, 개가 나타나지 않았을 경우와 비교하면 8,000원의 매출을 놓친 셈입니다. 따라서 매출액으로 보면 마이너스 8,000원의 손실이 발생한 것이지요.

나중에 자세히 설명하겠지만, 이것이 바로 **기회비용**이라는 개념입니다. 기회비용이라는 개념을 알고 있었다고 해도, 요소를 제대로 분해하지 않으면 '손실액은 개가 나타나서 놓친 이익 2,000원'이라는 답변에 그치게 됩니다.

다음으로 그림 8-2②의 재료비를 보면서 설명하겠습니다. 개가 나타나지 않았다면 피자를 만들어 제공했을 것이므로 3,000원의 재료비가 소요되었을 것입니다. 그러나 개가 나타나 손님이 돌아간 상황에서는 피자를 만들 기회조차 없었으므로 재료비는 발생하지 않습니다. 따라서 개가 나타나지 않은 경우와 비교해서 3,000원의 재료비가 절약된 셈입니다.

인건비와 고정비는 상황①과 마찬가지로 전혀 변화가 없으므로, 최종적인 손실액은 5,000원이 됩니다.

관리회계 특유의
비용 개념

변동비와 고정비

계속해서 피자 가게를 예로 들어 관리회계 특유의 비용 개념을 알아보겠습니다.

먼저 첫 번째는 **변동비**와 **고정비**입니다. 이 두 가지 용어는 일상생활에서도 흔히 들을 수 습니다. 하지만 변동비와 고정비라는 비용 개념은 재무회계, 즉 결산서에는 존재하지 않습니다. 이 개념은 올바른 의사결정을 내리는 데 중요한 요소임에도 불구하고, 재무회계에는 전혀 포함되지 않습니다. 이 사실만으로도 재무회계는 의사결정에 활용하기 어렵다는 것을 알 수 있습니다.

재무회계에는 없는 개념이므로, **비용을 새로 분류하지 않으면**

변동비와 고정비를 구분할 수 없습니다. 대체로 기업 내부에는 재무회계에 관한 정보밖에 없기 때문입니다. 기업의 관리업무는 재무회계 정보를 수집하기 위한 과정으로 설계되어 있습니다. 예를 들어 상품을 출하하면 출하 전표를 작성하고 이를 회계 부서에 전달하는데, 이 과정에서 매출액, 매출채권, 매출원가와 같은 재무회계 정보가 회계 시스템에 기록됩니다.

ERP(전사적 자원관리)라고 불리는 시스템은 주변 업무의 시스템을 모듈로 연결하고, 모듈을 정보 허브로 활용해 재무회계 정보를 실시간 또는 그에 가까운 형태로 수집하는 구조로 설계되어 있습니다. 이것이 일반적인 기업의 관리업무이므로, 기업 내부에는 보통 재무회계 정보만 존재합니다. 따라서 변동비와 고정비를 구분하기 위해서는 사후에 분류 작업을 해야 합니다. 이러한 작업을 **비용분해**라고 합니다. 일반적으로는 계정과목별로 변동비와 고정비를 나누는 **계정분석법**(또는 **개별비용법**)이 사용되며, 필요에 따라 **최소제곱법**이라는 수학적 방법을 활용하기도 합니다.

참고로, 변동비 및 고정비와 혼동되기 쉬운 개념으로 **직접비**와 **간접비**가 있습니다. 이 두 가지 개념은 집계 대상과의 인과관계를 직접적으로 파악할 수 있는지에 따른 분류입니다.

예를 들어, 제조원가 내에서 등장하는 직접노무비는 특정 제품의 생산라인에 투입된 인력의 인건비를 의미합니다. 이러한 인건비는 해당 제품과의 인과관계가 명확하므로 직접노무비에 해당합니다. 반면에 공장장의 인건비는 공장 전체의 관리 책임에 대한 비용이므로, 공장장의 인건비와 특정 제품 간의 인과관계는 알 수 없습니다. 따라서 공장장의 인건비는 간접노무비에 해당합니다. 간접비는 인과관계를 명확히 알 수 없기 때문에 배부(配賦)라는 과정을 거쳐 제품이나 서비스에 배분됩니다.

직접비와 간접비로 분류되어 계산된 제품의 제조원가는 결산서에 매출원가로 표시되므로, 직접비와 간접비라는 개념은 재무회계에도 존재한다고 볼 수 있습니다.

매몰비용

두 번째로 살펴볼 관리회계 특유의 비용 개념은 **매몰비용**입니다. 매몰비용이란 '**의사결정에 영향을 미치지 않는 비용**'입니다. 매몰비용은 영어로 **sunk cost**라고 하는데, sunk는 sink(가라앉다)의 과거분사 형태로, 그대로 해석하면 '가라앉아버린 비용'이라는 뜻입니다.

피자 가게를 예로 들면, 인건비나 점포 임차료와 같은 고정비는 대체로 매몰비용에 해당합니다. 이와 같은 비용은 비교 대상이 되는 각각의 선택지에 똑같이 발생하기 때문에 의사결정에 영향을 미치지 않습니다.

그러나 고정비라고 해서 모두 매몰비용에 해당하는 것은 아닙니다. 예를 들어 인사권을 가진 사람은 인건비를 조정 가능한 비용이라고 생각할 수 있습니다. 마찬가지로 점포 임대계약에 대한 권한을 가진 사람에게는 임차료도 조정 가능한 비용이 될 수 있습니다. 이런 경우에는 해당 비용을 매몰비용으로 보지 않습니다.

예외 없이 매몰비용으로 분류되는 것은 과거에 발생한 비용입니다. 앞으로 어떤 선택을 하더라도 타임머신이 없는 이상 과거의 일은 바꿀 수 없기 때문입니다.

과거의 일은 바꿀 수 없다는 사실을 우리는 종종 잊어버리곤 합니다. 상당한 노력을 기울여 진행해온 프로젝트가 중단 위기에 처했을 때, 지금까지의 노력을 물거품으로 만들기 싫다며 반대하는 사람이 있습니다. 그러나 프로젝트를 계속하든 중단하든 쏟아부은 노력과 비용은 되돌릴 수 없습니다. 이 시점에서 중요한 것은 프로젝트를 계속하는 선택과 중단하는 선택 중에서 어느 쪽이 이득이 될지 손해가 될지를 고려하는 것입니다.

의사결정의 핵심은 매몰비용을 의사결정에 포함하지 않는 것입니다. 매몰비용은 '고민해도 소용없는 비용'입니다. 고민해도 소용없다면 애초에 배제하는 것이 중요합니다.

기회비용

세 번째로 살펴볼 관리회계 특유의 비용 개념은 **기회비용**입니다. 기회비용이란 **'다른 선택지를 골랐을 때 얻을 수 있었던 이익'**입니다. '기회손실'이라고도 부릅니다.

기회비용은 '놓친 이익'을 비용으로 보는 다소 독특한 개념입니다. 여기서 말하는 '이익'은 다른 선택지에서 발생한 '좋은 일' 정도로 이해하면 됩니다. 쉽게 말해 '남의 떡이 커 보인다'라는 감각에 가깝습니다.

앞서 피자 가게를 예로 들어 설명했을 때 '놓친 이익'이라는 표현을 사용했습니다. 법무 관련 분야에서는 미래의 잃어버린 수익을 가리켜 **'일실이익(逸失利益)'**이라고도 합니다. 경제나 경영 분야에서는 놓친 것이니까 비용으로 치자는 관점에서 비용으로 해석합니다.

의사결정을 할 때는 기회비용을 반드시 포함해 고려해야 합니다. 기회비용을 포함하지 않으면 처음부터 손님이 없어 아무 일도 일어나지 않았던 0원과, 개 때문에 손님이 돌아가 아무 일도 없게 된 0원을 구별할 수 없기 때문입니다.

경영관리에 필수적인 관리회계

효과는 기회비용을 고려하지 않으면 보이지 않는다

기회비용의 개념은 어떤 효과를 측정할 때도 매우 중요합니다. 업무 효율화나 시스템 도입의 효과를 알아보고자 할 때, 기회비용을 고려하지 않으면 정확한 평가를 할 수 없습니다.

새로운 시스템을 도입해 기존에 10명이 담당하던 업무를 7명이 처리할 수 있게 되었다고 가정해봅시다. 실제로 3명분의 인건비가 절감되었으니, 시스템을 도입한 효과가 있었다고 생각하기 쉽습니다. 하지만 이는 사실이 아닙니다. 이 3명을 해고하지 않는다면 인건비는 절감되지 않기 때문입니다.

이 3명에게 다른 업무를 맡기면 된다고 생각할 수도 있겠지만, 그렇게 간단한 이야기가 아닙니다. 절감된 인력이 다른 업무를 맡음으로써 매출 증가나 비용 절감이 얼마나 기대되는지 고려하지 않으면, 효과가 있었다고 단정하기 어렵습니다.

이 부분은 기회비용의 개념에 해당합니다. 시스템 도입 이전에는 기존 업무를 처리하느라 다른 업무를 통해 얻을 수 있었던 이익을 놓치고 있었습니다. 그러나 시스템 도입으로 다른 업무를 수행할 기회를 얻고, 그로 인해 이익을 창출하게 되었다면 기회비용이 줄어든 것입니다.

일본에서는 업무 효율화를 평가할 때 기회비용까지 고려하는 경우가 드물지만, 미국에서는 꽤 일반적인 접근법입니다. 이러한 차이는 합리적인 의사결정 문화의 침투 수준뿐만 아니라, **멤버십형 고용과 직무형 고용**이라는 고용 형태의 차이에서도 비롯됩니다.

미국의 많은 기업에서 채택하고 있는 직무형 고용은 수행해야 할 업무가 먼저 존재하고, 그에 맞는 사람을 배치하는 방식입니다. 만약 해야 할 업무가 사라지면 해당 인력은 해고됩니다. 이러한 환경에서는 당연히 특정 인력을 다른 업무에 배치했을 때 발생할 경제적 효과를 고려하게 됩니다.

반면에 일본 기업의 다수가 채택하고 있는 멤버십형 고용은 회사라는 공동체에 속해 있는 것이 전제입니다. 사람이 우선 존재하고 그들에게 맞는 업무를 배치하는 식이지요. 스포츠 경기를 예로 들면, 인원이 정해져 있는 포지션에 남은 인원을 여러 명 투입하는 것과 같습니다.

이처럼 사람 중심이기 때문에 누가 어떤 일을 맡아 얼마큼의 경제적 효과를 낼 것인지 고려하지 않습니다. 절감된 인원에게 다른 업무를 맡기면 정말 시스템을 도입한 효과가 있는 것일까요? 그런 주장에는 무슨 일이든 하고만 있으면 된다는 사고가 깔려 있습니다.

업무 효율화를 추진할 때 기회비용을 고려하지 않는다면, 경제적 효과는 거의 없고 단순한 자기만족으로 끝날 가능성이 큽니다.

경영관리에 필수적인 관리회계

원가 이하라도
수주해야 할까?

추가 수주에 대한 의사결정

다음 문제를 생각해봅시다. A사는 제품 X를 수주 생산 및 판매하는 회사입니다. 제품 X의 1개당 원가는 20만 원입니다. 원가의 상세 구성은 그림 8-3과 같습니다.

그림 8-3 제품 X의 1개당 원가 명세

직접재료비	14만 원
직접노무비	4만 원
제조간접비	2만 원
합계	20만 원

그림 8-4 추가 수주에 대한 의사결정

	받지 않는다	받는다	차액
매출액	0원	18만 원	18만 원
직접재료비	0원	14만 원	14만 원
직접노무비	(총액 불변)	(총액 불변)	0원
제조간접비	(총액 불변)	(총액 불변)	0원
			4만 원

여기서 직접재료비는 제품 X를 생산하는 데 사용되는 재료 비용이고, 직접노무비는 제조에 직접 관여하는 직원의 인건비입니다. 제조간접비는 모두 고정비로 분류됩니다. A사는 이 제품을 25만 원에 판매하고 있습니다.

이때, 신규 고객 B가 제품 X를 주문하고 싶다는 문의를 했습니다. 단, 개당 25만 원이 아니라 18만 원에 판매해달라고 요청했습니다. A사는 고객 B의 주문을 수락해야 할까요? 참고로 A사의 생산능력에는 여유가 있어서 고객 B의 주문은 현재 생산능력 내에서 충분히 대응할 수 있다고 가정합니다.

제조원가는 20만 원이므로 18만 원은 원가를 밑도는 금액입니다. 매출총이익 단계에서 이미 적자가 나는 것입니다. 대부분 팔면 팔수록 손해이기 때문에 고객 B의 주문을 거절하는 편이 낫다고 대답합니다.

과연 그럴까요? 이 문제도 의사결정의 세 가지 요점에 따라 분석해보겠습니다. 세 가지 요점은 비교 대상의 명확화, 요소 분해, 그리고 변하는 부분과 변하지 않는 부분을 구분하는 것입니다.

먼저, 비교 대상은 '수주를 받는다'와 '수주를 받지 않는다'입니다. 분해할 요소는 매출액, 직접재료비, 직접노무비, 제조간접비입니다(그림 8-4 참조).

다음으로 변하는 부분과 변하지 않는 부분을 살펴보겠습니다. 고객 B에게 수주를 받으면 18만 원의 매출액이 발생합니다. 반면에 수주를 받지 않으면 매출액은 0입니다. 직접재료비는 수주 생산 방식이므로 수주를 받으면 비용 14만 원이 발생하지만, 수주를 받지 않으면 발생하지 않습니다. 한편, 직접노무비와 제조간접비는 현재 생산능력에 여유가 있으므로 수주를 받든 받지 않든 총액에는 변화가 없습니다.

위와 같은 분석 결과를 그림 8-4에서 확인해보면, 고객 B의 수주를 받는 선택이 받지 않는 선택보다 4만 원의 추가 이익을 가져옵니다.

물론, 가격을 인하한 사실이 다른 고객들에게 알려질 우려나 가격 붕괴와 같은 추가적인 위험 요소를 고려해야 할 필요는 있습니다. 하지만 이러한 요소들을 제외하고 본다면, 고객 B의 수주를 받는 편이 더 많은 이익을 창출한다는 결론에 도달할 수 있습니다.

한계이익과 공헌이익

앞서 언급한 4만 원은 매출액에서 직접재료비라는 변동비만 뺀 이익입니다. 이를 **한계이익**이라고 합니다. 수식으로 표현하면 다음과 같습니다.

매출액 − 변동비 = 한계이익   (식 8-1)

'한계'라는 표현은 다소 이해하기 어려운데, 여기에는 '변동적, 추가적'이라는 의미가 담겨 있습니다. 중요한 점은 이 변동성이 **'매출액의 변화에 정비례'**한다는 것입니다.

정비례한다는 것은 매출액이 변동하면 이익도 그에 따라 변한다는 의미입니다. 예를 들어 매출액이 10% 증가하면 이익도 10% 증가하고, 매출액이 2배가 되면 이익도 2배가 된다는 뜻입니다.

반면, 재무제표에 나오는 이익들은 이러한 특성을 갖지 않습니다. 영업이익, 경상이익, 당기순이익 등은 일반적으로 매출액의 변

경영관리에 필수적인 관리회계

화에 정비례하지 않습니다. 왜냐하면 어딘가에서 고정비가 차감되기 때문입니다. 매출총이익은 업종에 따라 정비례한다고 볼 수도 있지만, 적어도 제조업에서는 정비례하지 않습니다. 매출원가를 구성하는 제조원가에 상당한 고정비가 포함되어 있기 때문입니다.

한계이익은 변동비만 뺀 이익이기 때문에 매출이 2배가 되면 변동비도 2배가 되고, 그 차액인 한계이익 역시 2배가 됩니다.

앞서 살펴본 추가 수주 사례의 핵심은 바로 이 **한계이익이 플러스**라는 점입니다. 한계이익이 플러스라는 말은 '**하지 않는 것보다 하는 편이 변동적, 추가적인 이익 면에서 플러스**'라는 뜻입니다. 따라서 하지 않는 것보다 하는 편이 더 낫다는 판단을 내릴 수 있습니다.

매출액에서 변동비만 뺀 이익은 **공헌이익**이라고도 합니다. 수식으로 표현하면 다음과 같습니다.

매출액 - 변동비 = 공헌이익   (식 8-2)

회계 서적에서는 흔히 '매출액에서 변동비만 뺀 이익을 한계이익 또는 공헌이익'이라고 한다며 단순히 두 가지 표현이 있는 것처럼 설명합니다. 그러나 용어가 다르다는 것은 개념에도 차이가 있다는 뜻입니다.

공헌이익은 **'고정비 회수에 공헌하는 이익'**을 의미합니다. 이 개념은 그림 8-5와 같은 이미지로 이해할 수 있습니다. 피자 가게를 예로 들면, 직원을 고용하고 점포를 빌린 이상 인건비와 임차료는 항상 발생합니다. 고정비란 아무리 놀고 있어도 항상 존재하는 비용입니다. 이 고정비를 피자를 만들어 판매할 때마다, 피자 한 판의 개별 이익으로 조금씩 회수해나가는 것입니다. 여기서 피자 한 판의 이익은 피자의 판매가에서 재료비와 같은 변동비만 뺀 이익을 말합니다.

공헌이익의 본래 의미에 따르면 **'비용 회수에 기여하는 이익은 모두 공헌이익'**이라고 할 수 있습니다. 따라서 공헌이익과 한계이익은 같은 것이 아니며, 공헌이익이 더 넓은 개념입니다. 일반적으

그림 8-5 공헌이익

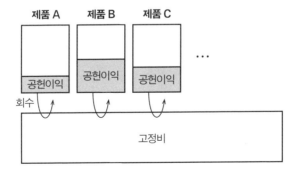

로 공헌이익이 회수해야 할 비용을 고정비로 설정하는 경우가 많아서 공헌이익과 한계이익이 일치하는 일이 흔할 뿐입니다.

추가 수주 사례를 공헌이익의 관점에서 보면 어떨까요? 신규 고객의 공헌이익이 플러스라면 이익이 작더라도 하지 않는 것보다 하는 것이 고정비 회수에 확실한 도움이 됩니다. 따라서 추가 수주를 하는 편이 낫다고 판단할 수 있습니다.

철수 조건과 원가의 관계

앞서 추가 수주에 관한 의사결정 사례를 살펴보았습니다. 여기서 배울 수 있는 점은 사업의 **철수 조건**입니다. 어떤 기업도 판매액이 **원가 이하**로 떨어지는 상황을 극도로 꺼립니다. 판매액이 원가를 하회하면, 즉 마진이 마이너스가 되면 이익이 나지 않는다고 여기기 때문입니다. 마진은 손익계산서에서 매출액 바로 아래에 표시되는 매출총이익으로, 이 단계에서 이익이 마이너스가 되면 팔수록 적자가 불어난다고 여겨집니다.

그래서 채산성이 부족하거나 매출총이익이 마이너스가 되면 사업을 당장 중단해야 한다고 판단하는 경우가 많습니다. 그러나 추가 수주에 관한 의사결정 사례는 판단을 서둘러서는 안 된다는 점을 알려줍니다. 실제로 매출총이익이 마이너스라고 해도, 하지 않는 것보다 하는 편이 이익을 더 창출할 수 있습니다.

그렇다면 사업은 언제 중단해야 할까요? **사업을 중단해야 할 시점은 한계이익 또는 공헌이익이 마이너스가 되었을 때**입니다. 한계이익이 마이너스라는 것은, 일을 하면 할수록 추가로 발생하는 이익보다 비용이 더 많이 든다는 뜻입니다. 즉, 일을 계속할수록 적자가 늘어나는 상태라고 할 수 있습니다.

그렇다면 판매가가 원가 이하가 되었다는 것은 무엇을 의미할까요? 그림 8-6을 참고하면 이해하기 쉽습니다. 이 그림에서는 가로축이 판매가를 나타냅니다. 가장 오른쪽 영역은 판매가가 원가를 초과한 상태입니다. 가운데 영역은 판매가가 원가보다 작지만, 변동비보다는 크기 때문에 공헌이익이 플러스인 상태입니다. 이 상황은 앞서 설명한 추가 수주의 사례와 같습니다. 가장 왼쪽 영역은 판매가가 변동비를 밑돌아 공헌이익도 마이너스가 된 상태입니다.

그림 8-6 판매가가 원가 이하가 되는 상황

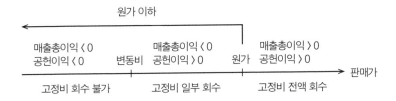

경영관리에 필수적인 관리회계

이 세 영역의 차이는 고정비 회수의 차이로 이해하면 간단합니다. 가장 오른쪽 영역은 **판매가가 원가를 상회하므로, 처음에 예상했던 수량을 모두 판매하면 고정비를 전액 회수할 수 있는 수준입니다.**

가운데 영역은 **공헌이익이 플러스이므로 고정비 회수에 일부 기여는 하지만, 예상했던 수량을 전부 판매하더라도 고정비를 전액 회수하지는 못합니다.** 즉, 일부만 회수하고 끝나는 것입니다. 공헌이익이 플러스이기 때문에 18만 원에 판매한다면 고정비는 점차 회수됩니다. 하지만 제품을 다 팔아도 고정비를 전부 회수할 수 없으므로 회사는 여전히 적자입니다. 그렇더라도 판매하지 않는 것보다 판매하는 것이 적자 폭을 줄이는 데 유리합니다.

가장 왼쪽 영역은 **공헌이익이 마이너스이므로 고정비를 전혀 회수할 수 없습니다.** 따라서 가장 이상적인 것은 판매가가 원가 이하가 되지 않는 상태를 유지하는 것입니다. 공헌이익이 플러스일 때 판매하는 것은 최선책이 없는 상황에서 선택할 수 있는 차선책에 불과합니다.

간혹 공헌이익이 플러스니까 팔아야 한다고 주장하는 사람이 있는데, 이것은 잘못된 표현입니다. 공헌이익이 마이너스라면 중단해야 한다고 주장할 수 있지만, 공헌이익이 플러스라고 해서 꼭 해야 한다고는 할 수 없습니다. 지금까지 '하지 않는 것보다 하는 편이 낫다'는 모호한 표현을 쓴 이유도 여기에 있습니다.

공헌이익이 마이너스일 때는 중단해야 하므로 사업을 철수하는 조건이 됩니다. 그러나 공헌이익이 플러스일 때는 꼭 해야 한다고 주장할 수 없으므로 사업을 지속할 조건이 될 수 없습니다.

일본 맥도날드의 사례

이제 처음에 살펴보았던 일본 맥도날드의 사례를 다시 생각해봅시다. 지금까지의 내용을 이해했다면 이제 답이 보일 것입니다.

일본 맥도날드의 사례를 다룬 기사에서는 원가보다 낮은 가격으로 판매했다는 점을 들어 '팔면 팔수록 적자가 불어나는 실패 전략'이라고 평가했습니다. 하지만 이것은 잘못된 주장입니다. **원가가 판매가를 초과해 매출총이익이 마이너스라 해도, 한계이익이 플러스라면 판매할수록 추가 이익이 발생합니다.** 이익이 발생하면 적자 폭이 줄어들기 때문에, 한계이익이 플러스인 상황에서는 가능한 한 많이 판매하는 것이 더 나은 선택입니다.

당시의 매출원가는 그림 8-7에서 확인할 수 있습니다. 원가율은 매출액 대비 비율을 나타냅니다. 매출원가 총액을 기준으로 보면, 원가율이 100.4%로 100%를 초과하고 있습니다. 따라서 팔면 팔

경영관리에 필수적인 관리회계

수록 적자가 가중되는 상황이었던 것은 사실입니다.

하지만 매출원가의 구성 요소를 살펴보면 변동비에 해당하는 것은 재료비뿐이고, 그 외 대부분은 고정비입니다. 매출액 대비 재료비 비율은 37.4%에 불과하므로, 한계이익은 여전히 플러스를 유지하고 있습니다.

한계이익이 마이너스라면 '팔면 팔수록 적자가 불어나는 실패 전략'이겠지만, 실제 상황은 그렇지 않습니다. 오히려 판매를 늘리는 것이 적자를 확실히 줄이는 방법입니다.

이러한 사실은 재무회계를 바탕으로 한 결산서만으로는 절대 알 수 없습니다. 관리회계의 개념을 알고 있어야만 비로소 도출할 수 있는 분석입니다.

그림 8-7 일본 맥도날드의 매출원가 명세

		2015년 12월기	
		금액(천만 원)	원가율
직영점 매출원가		143,138	100.4%
(명세)	재료비	53,326	37.4%
	노무비	46,548	32.7%
	기타	43,263	30.4%

출처: 일본 맥도날드 홀딩스 주식회사 2015년 12월 결산 단신

관리회계를 응용한
조직관리

강화해야 할 부문과 철수해야 할 부문은 어디일까?

다음 예시를 보면서 지금까지 살펴본 개념을 부문별 손익관리에
적용해봅시다.

X사는 매출액영업이익률을 5% 이상으로 유지하는 것을 목표로
하고 있습니다. 그러나 지난 회계연도의 매출액영업이익률은 그림
8-8(a)와 같이 3.1%로 목표를 달성하지 못했습니다.

X사는 그림 8-8(b)와 같은 부문별 손익계산서를 작성하고 있으
며, 이를 바탕으로 이사회에서 조직 전략을 수립하려고 합니다. 조
직 전략이란 판매를 가장 강화해야 할 부문과 철수해야 할 부문을
결정하는 것입니다. 그렇다면 강화해야 할 부문과 철수해야 할 부

경영관리에 필수적인 관리회계

그림 8-8 강화해야 할 부문과 철수해야 할 부문은 어디일까?

(a)전기 손익계산서	(단위: 천만 원)
매출액	3,500
매출원가	1,380
매출총이익	2,120
판매비와 관리비	
판매비	340
경비	380
급여	420
IT 관련 비용	270
본사공통비 배부	600
판매비와 관리비	
합계	2,010
영업이익	110
	(3.1%)

(b)부문별 손익계산서			(단위: 천만 원)
	부문 A	부문 B	부문 C
매출액	1,000	1,200	1,300
매출원가	380	470	530
매출총이익	620	730	770
판매비와 관리비			
판매비	80	100	160
경비	80	140	160
급여	120	150	150
IT 관련 비용	70	80	120
본사공통비 배부	200	200	200
판매비와 관리비			
합계	550	670	790
영업이익	70	60	△20
	(7.0%)	(5.0%)	(△1.5%)

문은 각각 어디일까요?

대부분 판매를 강화해야 할 부문은 부문 A, 철수해야 할 부문은 부문 C라고 답합니다. 부문 A의 판매를 강화해야 한다고 답하는 이유는 간단합니다. 부문 A의 영업이익률이 가장 높기 때문입니다. 영업이익률이 가장 높다는 것은 부문 A가 X사의 가장 큰 수익원이 라는 뜻이므로, 이 부문에 집중적으로 투자해서 성장을 도모하자 는 발상입니다.

반면에 부문 C를 철수해야 한다고 답하는 이유 역시 명확합니다. 부문 C가 적자이기 때문입니다. 영업이익은 기업의 본업에서 발생하는 수익을 의미하므로, 적자가 발생하는 사업은 중단하는 것이 옳다고 보는 시각입니다.

여러분도 비슷한 생각을 했을지 모르겠습니다. 하지만 이것이 과연 옳은 판단일까요?

변동비와 고정비를 나누어 한계이익을 명확히 파악하라

이제 다시 판매를 강화해야 할 부문을 생각해봅시다.

판매를 강화한다는 것은 매출액을 늘리기 위해 노력한다는 뜻입니다. 따라서 여기서 풀어야 할 문제는 같은 방식으로 매출액을 증가시켰을 때, 이익이 가장 많이 늘어날 부문을 찾는 것입니다.

이익이 가장 많이 증가할 부문을 찾으려면 한계이익을 확인해야 합니다. **한계이익은 매출액의 변화에 정비례하는 이익**이기 때문입니다. 하지만 한계이익은 자동으로 알 수 있는 정보가 아닙니다. 한계이익을 파악하려면 비용을 변동비와 고정비로 나눠야 합니다.

사내 분석 결과 재료비와 판매비는 변동비, 그 외의 비용은 고정비에 해당하는 것을 파악했다고 가정합시다. 이 분석 결과를 바탕으로 손익계산서를 그림 8-9처럼 변형했습니다.

여기서 또 하나의 문제가 있습니다. 판단 기준을 한계이익액으

그림 8-9 강화해야 할 부문

(단위: 천만 원)

	부문 A	부문 B	부문 C
매출액	1,000	1,200	1,300
변동비			
매출원가	380	470	530
판매비	80	100	160
변동비 합계	460	570	690
한계이익	540	630	610
한계이익률	54.0%	52.5%	46.9%
고정비			
경비	80	140	160
급여	120	150	150
IT 관련 비용	70	80	120
본사공통비 배부	200	200	200
고정비 합계	470	570	630
영업이익	70	60	△20

로 할 것인지, 한계이익률로 할 것인지를 먼저 정해야 하기 때문입니다. 세 부문의 매출 규모가 다르므로, 규모에 상관없이 비교할 수 있는 한계이익률로 판단하는 것이 옳다고 생각하기 쉽습니다. 하지만 판단 기준은 동일한 노력을 투입해 각 부문의 매출액을 얼마나 늘릴 수 있다고 가정하느냐에 따라 달라집니다.

만약 동일한 노력으로 각 부문의 매출액을 '같은 금액만큼' 늘릴 수 있다고 가정한다면, 강화해야 할 부문은 한계이익률이 가장 높은 부문 A가 됩니다. 그 이유는 매출액 증가로 발생하는 이익=매출 증가액×한계이익률이 되기 때문입니다. 매출 증가액이 같을 경우,

한계이익률이 높은 부문이 가장 많은 이익을 가져옵니다.

반대로 동일한 노력으로 각 부문의 매출액을 '같은 비율로' 늘릴 수 있다고 가정한다면, 강화해야 할 부문은 한계이익액이 가장 큰 부문 B가 됩니다. 한계이익은 매출액의 변화에 정비례하므로 매출액을 같은 비율로 늘릴 경우, 이익 증가액=한계이익액×매출 증가율이 되기 때문입니다. 매출액의 증가율이 같다면 한계이익액이 큰 부문이 가장 많은 이익을 가져옵니다.

이 두 가지 방식 중 어느 것이 옳다고 단정할 수는 없습니다. 중요한 것은 전제가 되는 가정과 일치하는 방식을 선택하는 것입니다. 그저 막연하게 이익률을 기준으로 선택하는 것이 아니라, 전제조건을 명확히 하고 이에 맞는 판단 기준을 적용해야 합니다.

배부 전 이익으로 판단하라

이번에는 어떤 부문을 철수해야 할지 생각해봅시다. 앞서 언급했듯이 대부분 철수해야 할 부문으로 부문 C를 꼽습니다. 그 이유는 부문 C의 영업이익이 적자이기 때문입니다.

부문 C의 영업이익이 적자라는 이유로 철수를 주장하는 사람들은 부문 C를 철수하면 영업이익 적자를 해결할 수 있다고 생각합니다. 그렇지 않다면 단순히 영업이익 적자만을 이유로 부문 철수를 주장할 수는 없을 테니까요.

그러나 부문 C를 철수한다고 해서 부문 C에 배부된 모든 비용이 사라지는 것은 아닙니다. 부문 C에 포함된 **본사공통비 배부액은 본사의 간접 부서에서 발생한 비용 총액을 각 부문에 분배한 것**입니다. 따라서 부문 C를 철수하더라도 이 비용 총액은 변하지 않습니다. 부문 C에 배부된 금액이 다른 부문에 추가될 뿐입니다.

이와 같은 상황을 명확히 보여주기 위해 손익계산서를 그림 8-10과 같이 변형해보았습니다. 그림 8-9와 다른 점은 **고정비를 개별 고정비와 공통 고정비 배부액**으로 나누고, 한계이익에서 개별 고정비를 뺀 **부문이익**을 추가한 부분입니다.

두 고정비의 차이는 고정비의 발생 원인이 각 부문에 한정된 것인지 부문 간 공통인지로 나눌 수 있습니다. 개별 고정비는 각 부문에 한정적으로 발생하는 고정비입니다. 이것은 부문이 유지되는 한 계속 발생하지만, 부문이 철수되면 완전히 사라질 가능성이 있는 비용입니다. 공통 고정비 배부액은 부문 간에 걸쳐 발생하거나 부문 외부에서 발생한 고정비를 배부한 것이므로, 특정 부문을 철수해도 비용 총액은 변하지 않습니다.

부문 C를 철수했을 때 사라지는 비용은 개별 고정비에 한정되며, 철수와 함께 사라지는 이익은 부문이익의 금액과 같습니다. 다만,

개별 고정비가 사라지려면 부문 철수와 동시에 구조조정을 한다는 전제가 필요합니다. 구조조정을 하지 않는다면 급여는 계속 발생하므로 이익 손실이 부문이익보다 커지게 됩니다. **부문이익은 '철수로 인해 손실되는 최소 이익'**을 의미하며, 최소한 이 정도의 손실은 감수해야 한다는 뜻입니다.

이번 사례와 같이 부문별 손익계산서에서는 어딘가에서 배부가 이루어집니다. 그러나 대부분은 배부가 어디서 어떻게 이루어지는지 잘 알지 못한 채, 배부 후의 최종 이익만을 보고 판단합니다. 사람들은 마지막 줄을 중요한 정보라고 여기는 경향이 강하기 때문입니다.

그러나 배부 후의 이익은 배부 방식에 따라 크게 달라질 수 있습니다. 배부 방식을 바꾸면 부문 C의 영업이익을 쉽게 흑자로 만들 수도 있습니다. 배부는 인위적으로 정한 규칙일 뿐 정답이 없고, 그 방식은 무한히 다양합니다. 그러므로 얼마든지 변할 수 있는 배부 후의 이익만 보고, 적자니까 부문 C를 철수해야 한다는 판단은 매우 위험합니다.

이럴 때는 객관적인 사실로 돌아가 판단하는 것이 가장 확실합니다. 이번 사례에서 객관적인 사실은 60억 원의 본사공통비가 발생했다는 점입니다. 그림 8-10을 보면, 각 부문의 이익이 함께 부담하는 방식으로 본사공통비를 회수하고 있는 것을 확인할 수 있

경영관리에 필수적인 관리회계

그림 8-10 철수해야 할 부문

(단위: 천만 원)

	부문 A	부문 B	부문 C	합계
매출액	1,000	1,200	1,300	3,500
변동비				
매출원가	380	470	530	1,380
판매비	80	100	160	340
변동비 합계	460	570	690	1,720
한계이익	540	630	610	1,780
한계이익률	54.0%	52.5%	46.9%	
개별 고정비				
경비	80	140	160	380
급여	120	150	150	420
IT 관련 비용	70	80	120	270
개별 고정비 합계	270	370	430	1,070
부문이익	270	260	180	710
공통 고정비 배부액				
본사공통비 배부액	200	200	200	600
영업이익	70	60	△20	110

부문이익이
공통 고정비를 회수

습니다. 이 부문이익은 본사공통비를 회수하는 데 기여하고 있으므로 일종의 공헌이익입니다.

모든 부문의 공헌이익이 플러스 상태이므로, 각 부문은 본사 비용 회수에 기여하고 있습니다. 그런 상황에서 배부 후의 영업이익이 적자라는 이유로 부문 C를 철수하면 어떻게 될까요? 적어도 부문이익 18억 원이 사라지는 것은 확실합니다. 회사의 전체 영업이익이 11억 원인데, 여기서 18억 원의 이익을 잃게 되면 전체 영업이익은 7억 원 적자가 됩니다.

이번 사례에서는 모든 부문의 부문이익이 플러스이므로, 적극적으로 철수를 진행해야 할 부문은 없습니다. 다만, 특정 부문에 다른 부문의 경영자원을 집중시키고자 의도적으로 철수를 결정한 것이라면 합리적인 선택이 될 가능성이 있습니다. 하지만 아무런 맥락 없이 부문 C를 철수한다면, 회사의 전체 이익이 줄어들게 될 뿐입니다.

이상적인 배부 방법이란?

부문별 손익계산서와 같이 특정한 기준으로 나눈 손익계산서에서는 거의 예외 없이 배부가 이루어집니다. 배부란, 부문 간에 공통으로 발생한 비용을 각 부문에 나누어 할당하는 절차를 말합니다.

이번 사례처럼 본사에서 발생한 비용을 다른 부문에 배부할 때, 가장 흔히 사용하는 방법은 인원수 비율에 따른 배부입니다. 이 방식은 '인원이 많은 부서라면 그만큼 본사에서 많은 혜택을 받았을 것'이라는 생각에 기반한 것입니다.

다른 예로는 각 부서가 차지하는 전용 면적 비율에 따라 배부하는 방식도 있습니다. 본사의 인건비나 감가상각비와 같은 세부 항목별로 배부 기준을 달리해 세밀하게 배부하기도 합니다.

그렇다면 어떤 배부 방법이 이상적일까요? 일반적으로는 공정성과 객관성이 높은 방법이 이상적이라고 여겨집니다. 배부는 '타인이 발생시킨 비용을 나누어 부담하는 것'입니다. 이렇게 부담스러운 일은 공평하게 나누는 편이 좋고, 주관이 개입되지 않는 것이 중요하기 때문입니다.

하지만 저는 반드시 공정성과 객관성에 얽매일 필요는 없다고 생각합니다. 배부 방법에는 정답이 없으므로 기업이 스스로 가장 적합한 방식을 고민해야 하지만, 그 전에 배부의 근본적인 목적을 이해하는 것이 중요합니다.

회계 전문가들은 배부를 복잡하게 설명할지도 모르지만, 제가 생각하는 배부의 목적은 매우 간단합니다. 이번 사례에서만 보아도 본사에서 발생한 비용은 본사 스스로 충당할 수 없습니다. 본사의 간접 부서에서는 매출이 발생하지 않기 때문입니다. 하지만 회사를 정상적으로 운영하려면 본사의 기능은 필수적입니다. 따라서 본사에서 발생한 비용은 매출을 올리는 부문들이 협력해서 충당해야 하며, 그 충당 금액을 명확히 하기 위한 과정이 바로 배부입니다. 그렇다면 **배부 방법으로는 공정성이나 객관성에 얽매이지 않고, 충당할 능력이 있는 부문이 비용을 더 부담하는 방식**도 허용되어야 합니다.

이러한 접근 방식은 특히 신규 부문을 설립할 때 필요합니다. 신규 부문은 초기에 이익을 내기 어려운 경우가 많습니다. 이런 상황에서 본사의 비용을 배부하면 적자만 더 커질 뿐입니다. 더구나 사람들은 배부 후의 최종 이익에만 주목하기 때문에, 큰 적자가 났다며 신규 부문을 비판할 가능성이 있습니다. 만약 적자를 이유로 신규 부문을 철수하게 된다면, 처음부터 일정 기간 적자를 감수하고 시작한 사업임에도 불구하고 앞뒤가 바뀌는 결과가 될 수 있습니다.

이러한 상황에서는 **신규 사업 부문에 '의도적으로 배부하지 않는 방식'**이 회사의 경쟁력 측면에서 훨씬 의미가 있습니다. 가족으로 비유하면 신규 사업 부문은 갓 태어난 아기와 같습니다. 성장 가능성은 가장 크지만, 경제력은 0에 가깝지요. 그런 부문에 본사의 비용을 배부한다는 것은, '아무리 갓난아기라도 가족 구성원이 된 이상 생활비를 내라'고 요구하는 것이나 다름없습니다.

많은 기업이 배부를 고려할 때, 계산의 기술적 측면에만 집착하는 경향이 있습니다. 하지만 계산법을 따지기에 앞서 배부의 본질적 의미를 깊이 고민해야 합니다.

재무회계와 관리회계를 일치시킬 필요가 있을까?

세간에서는 **재무회계와 관리회계를 일치시켜야 한다**는 주장이 종종 제기됩니다. 이 주장에 대해 생각해보기에 앞서, 관리회계의 개념이 반영되지 않은 손익계산서는 올바른 의사결정에 활용할 수 없다는 점을 기억해야 합니다. 그 증거로, 재무회계의 형식에 기반해 의사결정을 내렸던 사례에서 강화해야 할 부문과 철수해야 할 부문이 잘못 선택되는 것을 확인할 수 있었습니다.

애초에 **재무회계와 관리회계는 정보의 사용자와 목적 자체가 근본적으로 다릅니다.** 재무회계는 주로 세무 당국과 주주가 이용하며, 그 목적은 세금 계산과 배당 계산입니다. 반면에 관리회계는 회사 내부의 경영관리자가 이용하며, 그 주요 목적은 의사결정입니다. 이처럼 근본적으로 다른 두 체계를 반드시 일치시켜야 할 이유는 없는 것입니다.

물론 관리회계의 목적 중 하나가 재부회계의 숫자를 관리하는 것이므로, 두 체계는 유기적으로 연결되어 있어야 합니다. 그러나 중요한 것은, 두 체계의 정보를 필요에 따라 언제든 상호 변환해 활용할 수 있어야 한다는 점입니다. 자유로운 변환이 보장된다면 재무회계와 관리회계가 항상 일치해야 할 필요는 없습니다.

다만, 현실적으로 재무회계와 관리회계의 형식이 다르면 혼란스러워진다는 문제도 있습니다. 경영자가 회계라는 도구를 효과적으로 활용하려면 재무회계와 관리회계의 차이를 충분히 이해하고, 서로 다른 형식의 두 체계를 유연하게 받아들일 수 있는 회계 리터

러시가 필요합니다. 하지만 모든 경영자가 이러한 회계적 이해와 능력을 갖추는 것은 현실적으로 쉽지 않습니다. 그 결과, 불필요한 혼란을 방지하기 위해 재무회계와 관리회계를 일치시키는 방향으로 많이 움직이고 있습니다.

경영관리에 필수적인 관리회계

✔ 관리회계의 중요한 역할은 **의사결정**을 지원하는 것이다. 의사결정이란 여러 선택지 중 하나를 선택하는 과정으로, 선택한 것을 제외한 나머지 모든 선택지는 버려진다.

✔ 올바른 의사결정을 내리기 위한 세 가지 요점은, ①**비교 대상을 명확히 하는 것** ②**가능한 한 요소를 세분화하는 것** ③**변하는 부분과 변하지 않는 부분을 구분하는 것**이다.

✔ **변동비**와 **고정비**는 의사결정을 내리는 데 중요한 요소이지만, 재무회계에는 없는 관리회계 특유의 개념이다.

✔ **매몰비용**은 관리회계 특유의 개념으로서 '의사결정에 영향을 미치지 않는 비용'을 말한다. 영어로는 **sunk cost**라고 하며, 고민해도 소용없는 비용이기 때문에 의사결정에 포함하지 말아야 한다. 과거에 발생한 비용은 예외 없이 매몰비용으로 분류한다.

✔ **기회비용**은 관리회계 특유의 개념으로서 '다른 선택지를 골랐을 때 얻을 수 있었던 이익'을 말한다. 올바른 의사결정을 내리기 위해서는 기회비용을 반드시 포함해 고려해야 한다.

✓ **한계이익**은 매출액에서 변동비만을 뺀 이익이며, '변동적이고 추가적인 이익'을 의미한다. 한계이익의 특징은 **매출액의 변화에 정비례**한다는 것이다.

✓ 매출액에서 변동비만을 뺀 이익을 **공헌이익**이라고도 한다. 공헌이익은 '고정비 회수에 공헌하는 이익'을 의미한다. 비용 회수에 기여하는 이익은 모두 공헌이익이라고 할 수 있으므로, 공헌이익이 한계이익보다 더 넓은 개념이다.

✓ 판매가가 원가 이하이더라도 한계이익 또는 공헌이익이 플러스라면, 팔지 않는 것보다 파는 편이 이익 증가에 유리하다. 따라서 매출총이익이 마이너스라도 꼭 사업을 중단해야 하는 것은 아니다. 사업을 중단해야 할 시점은 한계이익 또는 공헌이익이 마이너스가 되었을 때이다.

✓ 부문별 손익계산서와 같이 특정한 기준으로 나눈 손익계산서는 관리회계의 개념을 반영한 형태로 만들어야 올바른 의사결정에 활용할 수 있다.

✓ 재무회계와 관리회계를 일치시켜야 한다는 주장이 종종 제기되지만, 재무회계와 관리회계는 정보의 사용자와 목적 자체가 다르므로 두 체계를 반드시 일치시켜야 할 이유는 없다. 두 체계의 정보를 필요에 따라 상호 변환해 활용할 수 있다면 그것으로 충분하다.

경영관리에 필수적인 관리회계

색인

색인

색인

심플리어 003
삶의 무기가 되는 회계 입문

1판 1쇄 인쇄 2025년 2월 4일
1판 1쇄 발행 2025년 2월 13일

지은이 가네코 도모아키
옮긴이 김지낭
펴낸이 김영곤
펴낸곳 (주)북이십일 21세기북스

콘텐츠TF팀 김종민 신지예 한이슬 이민재 진상원 이희성
영업팀 변유경 한충희 장철용 강경남 황성진 김도연
출판마케팅팀 남정한 나은경 최명열 한경화 권채영
제작팀 이영민 권경민
편집 박지석 **디자인** 김희림

출판등록 2000년 5월 6일 제406-2003-061호
주소 (10881) 경기도 파주시 회동길 201(문발동)
대표전화 031-955-2100 **팩스** 031-955-2151 **이메일** book21@book21.co.kr

ⓒ 가네코 도모아키, 2025
ISBN 979-11-7357-061-2 03320

(주)북이십일 경계를 허무는 콘텐츠 리더

21세기북스 채널에서 도서 정보와 다양한 영상자료, 이벤트를 만나세요!
페이스북 facebook.com/jiinpill21   포스트 post.naver.com/21c_editors
인스타그램 instagram.com/jiinpill21   홈페이지 www.book21.com
유튜브 youtube.com/book21pub

- 책값은 뒤표지에 있습니다.
- 이 책 내용의 일부 또는 전부를 재사용하려면 반드시 ㈜북이십일의 동의를 얻어야 합니다.
- 잘못 만들어진 책은 구입하신 서점에서 교환해드립니다.

최소한의 노력과 시간으로 최대 효과를 내는 학습법

Simpleer

심플리어 001
80 : 20 학습법

정말 필요한 것에만 집중하라
나머지에 시간을 뺏기지 마라
'파레토 법칙'을 활용한 학습법의 학습법!

피터 홀린스 지음 | 김정혜 옮김
19,800원 | 208쪽

누락 없이, 중복 없이 모든 일을 정리하는 도구

Simpleer

심플리어 002
한 페이지 표의 힘

이 세상 모든 일은
한 페이지 표로 정리할 수 있다!
'표로 생각하기'라는 혁신적인 사고법

이케다 마사토 지음 | 김은혜 옮김
19,800원 | 240쪽

불확실성을 뛰어넘는 트럼프 2.0 시대 부의 시그널

미국투자 메가 사이클

역사와 시장을 잇는 통찰의 귀재
성상현이 공개하는 글로벌 메가 사이클 31
투자자들은 지금 무엇을 어떻게 읽어야 하는가?

성상현 지음
24,000원 | 284쪽

나는 고발한다, 당신의 뻔한 생각을

정영진의 시대유감

민감한 주제에 던지는 '불편한 질문'
더 이성적인 사회를 원하는 사람에게
방향키를 쥐어주는 책

정영진 지음
22,000원 | 360쪽